哲学はじめの一歩

# 楽しむ

立正大学
文学部哲学科
〈編〉

春風社

# 楽しむ

3

# 楽しむ

試《こころ》みに手元にある国語辞典（小学館『デジタル大辞泉』）を引いてみると、「楽しむ」という言葉は、次のように説明されています。①「満《み》ち足りていることを実感して愉快《ゆかい》な気持ちになる。」②「好きなことをして満足を感じる。」用例として、①に関しては「休日を楽しむ」が、②に関しては「読書を楽しむ」が挙げられています。

「好きなこと」とは、それをすれば「愉快な気持ちになる」ことでしょう。「満ち足りていることを実感」するとは、「満足を感じる」ことにほかならないでしょう。こう見るならば、①と②を構成する要因は重なっていることになります。

しかし違いもあるのではないでしょうか。

つまり、読書を楽しむことによって休日を楽しむことはできるでしょうが、逆はできないでしょう。休日を楽しむいろいろな仕方《しかた》のうちの一つが、読書を楽しむことなのです。読書は行なうこと、つまり活動の一つですが、休日はさまざまな活動の可能性が開けた時間なのです。ひとが満ち足りることができ、楽しむためには、それを可能にする時間と、そこで行なう適切な活動が必要であることになります。

しかしながら、この不満と苦しみに満ちた現代世界における生活のうちで、われわれはどのようにして、そうした「楽しむ」ための時間と活動を見いだすことができるのでしょうか。

しかし、この問いかけに一般的に答えることには、さしたる意味がないようにも思えます。ひとはそれぞれ、「楽しむ」ための時間を確保し、そこで行なうべきさまざまな活動を発見・発明することを基軸《きじく》にして生きてきたし、現に生きていると見ることができるでしょうから。

そして「哲学する」ことも、と言うよりは、「哲学する」ことこそは、真剣に取り組む者に、他《た》をもっては代《か》えがたいような仕方で「楽しむ」ことを可能にする活動であるというのが、われわれ哲学に従事する者の共通の確信なのです。「楽しむ」ことをめぐって「哲学する」ことを試みた以下の四編の論考が、読者の皆さんにそのように「楽しむ」時間をもつことを可能にしてくれることを、筆者一同は願ってやみません。

（湯浅正彦）

# 1

# 服を着る、それとも楽しむ？

村上喜良

# 服のある風景

スマホで明日の天気を見る。今日より寒く、曇りで雨が降るかも。革靴はやめとこ。どんより空なら、思い切って黄色のスニカーにグリーンの靴下、濃い青のジーンズに紺のイージージャケット、気分は晴れるかも。明日は講義だけ、教授会ないから、ラフってても大丈夫。あっ、茶のマフラーも……準備完了。目覚ましかけて、タマさん、おやすみ。

お日様より早く起きる。だって通勤ラッシュはマジ無理。潔癖症で人嫌い、狭い車両でパニックだ。ちょっと病的、でもそれだけじゃない。グレーのスーツに白のワイシャツ、素材も色もちぐはぐなネクタイ。ビジネス・カバンの斜め掛け、スーツがしわくちゃ、もう見てて最悪。不可識別者同一の原理、みんなおんなじだ。下水道でひしめき合ってるドブネズミ。ブルーハーツの『リンダリンダ』、ドブネズミが美しいって。えっ、まさか、ドブネズミは汚いよ。なんか悲しくって、しまいに気持ち悪くなる。戦ってるサラリーマン、家族のため、子供のため、なのにドブネズミって、僕はイヤな奴だよね。ごめんなさい。でもね……せめてカバンは手で持とうよ。

朝早く余裕のある車両のなか、気になる奴。一年中おんなじ服。ありえない。不思議だ、惹かれて友達に。大悟《だいご》君のクローゼットは超シンプル。紺のジャケットにベージュのパンツ、ピュアホワイトのシャツに茶の革靴にベルト。おんなじものが春夏用に3セット。秋冬には色と形はおんなじで、素材がウールになったジャケットとパンツが3セット。ブラウンのコートが一着。それでおしまい。服を選ぶのが面倒。時間の無駄。肝心なのは外見じゃなく中身。毎日服装を変えるなんて、そんな奴は信用できない。ケンカする。僕はカメレオンだって。

でも彼の考えは好きだ。裸でなければそれでいい。超合理的、すがすがしい。服だけじゃない、生き方そのものがすっきり。ややこしい人生を整数で割り切る爽快感。割り切れず、小数点、でも余っちゃう中途半端さ、そんな不快感ゼロ。

イラスト：酒井葵

きっと、余りはすっぱぁっと切り捨てるんだろうな。そう、彼にとって服は不快な余りなんだ。でも、仏頂面して、僕のスタイルほめてくれる。たまにだけどね。それいいじゃん。有頂天になる僕。嬉しくて次に会う服、あれこれ考えちゃう。

服のことで悲しくなったり不快になったり、有頂天になったり、気忙《きぜわ》しい。たかが服なのに。でも大悟君のように平然としていられない。皆はどうなんだろう？　気になる。服を着るってどういうこと？……あれ、どっかで聞いたような。そうだ、ＴＶだ。ユニクロのＣＭ「なぜ人は服を着るのか？」僕の「？」が時流にはまった。すこしワクワク。考えてみようっと。服の風景、記憶、どんなのあったっけ。

ときどき朝一のバスで大学へ。がらがらの車内。女子高生たちのおしゃべりがこだまする。「ミキ、スカート短くない？　今日、服装チェックだよ」「マジ？」ウエストの折り目を伸ばす。降りるバス停も高校も、制服で僕は知ってる。急がなきゃね。もう次のバス停だよ。……違う制服の子。「おはよう、サチ、デートの服決まった?」「うん、ママにヴィヴィアンの赤のセーターとグリーンのコート買ってもらった」「マジ?! 超すごいじゃん! でも毛糸のパンツはだめだよ、冬のディズニーシーめっちゃ寒いからって」「え〜、そんなんじゃないもん」。お父さんくらいの僕は、ちょっと気恥ずかしく、心配もしちゃう。……道玄坂から渋谷、そして中目黒へ。街ゆく人、乗ってくる女性、服の色も素材もデザインも超おしゃれ。ベージュのコート、胸元にCDなのってくらい大きな二つのボタン。深紅のスリムなコートに純白のマフラーとグリーンのタイツ、しかもエナメルの黒い靴。何かクリスマスだね。おしゃれ街道を過ぎる、そろそろ僕の勤める大学。テキストしまって降りる準備しなきゃ。

夕方早く、帰りの電車。男子高生たち。ブレザーか詰襟の制服。黒やグレーのサラリーマンたちとおんなじだ。やっぱり悲しい。でも、気持ち悪くはなんない。なんでだろう? 女子高生たち。ブレザーかセーラー服。デザインはいろいろ。学校の違いだね。でも、おんなじ制服だってみんな違って見えるよ。なんでだろう? スカートの丈、袖口のシュシュ、カバンにぶら下がる人形。そのちっちゃな違いのせいかな。化粧してる子もいるしね。

　ただいま、タマさん。猫じゃないよ、僕の可愛い奥さん。なんか楽しそうにカタログ見てる。ナース服選んでるって、そんなのどれもおんなじじゃん。覗《のぞ》いてみる。分厚いカタログはすべてナース服。色も素材もスタイルもデザインもさまざま。でも、一目でわかる、ナース服だって。不思議だ。それぞれ違ってても、ナース服の形相が保持されているんだ、逆からいえば、ナース服をナース服たらしめているイデアが個々の服に分有されているんだ、でもどうして看護師さんたちの服はそんな形相がなきゃいけないんだ?……ムニャムニャつぶやく僕。また変なことといってるって、タマさん、呆れ顔。しかたないよ、僕は小難しい言語を振りまわす哲学が仕事なんだから。

　そろそろ仕事しなきゃね。服をめぐる風景や記憶。そこから考えてみるね。そもそも服を着るってどういうことなんだろう?

# あったか服——生理機能保持の服

一番に思い浮かぶこと。明日は寒いからって、僕は茶色のマフラーを準備する。大悟君はデザインや色、おんなじなんだけど、素材は季節にあわせてる。女子高生のサっちゃんは、どうも毛糸のパンツを愛用してるみたい。体温調整のためだけなら、色もデザインも関係ないよね。大切なのは素材と織り方だよ。あったか下着、クール下着、どんだけダサくても、なきゃ大変。開発した人すごいね、めっちゃ感謝！

服を着るのは快適な生理機能を保持するため。うん、なんか納得。でも……？が浮かぶ。僕は気管支が弱い。寒い日にはマフラーが欠かせない。なら色なんてどうでもいいはず。でも選んだのは茶色。いろんな色のを持ってるのにね。アウターを着るのは体温保持のため。そりゃそうだ。ならさっきの風景のコート、CDほど大きなボタンはなんのため？　いらないよね。どうも服を着るのは、これだけのためじゃないようだ。

でも……下着を付けるのはそのためだけじゃないかなぁ。えっ、それが下着の唯一の存在理由？　どうもすっきりしないね。じゃ、始めてみよっか、『下着の存在論』(笑)。冬の下着、たとえババシャツでも、おじさんのラクダのモモヒキでも、あったかければ許されるよね。でも、毛糸のパンツでデートはダメ。そうだよ、『ダメな私に恋してください』ってＴＶドラマ、主人公の深キョンでさえ、デカパンでデートはダメだって注意されてたよ。どうしてかなぁ？　下着には特殊な事情があるみたいだね。

普通、下着は人に見られないもの、それどころか見せてはいけないものだよね。それがデートになると見られる、もっというと、見せることになる。「見られないもの」、「見せてはいけないもの」から「見られるもの」、「見せるもの」へ。この変化は下着以外の服にはそうないよ。だって服は何気に見られているもの。しかも見せちゃいけないとか、見てはいけないってものでもない。下着のこの変化は衝撃的。だって、見られるのは誰でもいいわけじゃない。好きな人限定。そうでなきゃ、露出狂だ。下着は服とちがって内側のもの。だから下着が見られるってことは内なる自分が見られるってこと。下着は隠されたもの、だから内なる秘密の暴露、そんなイメージだよ。大好きな人に見られる、クラクラする強烈な意識、そこから生まれる深刻な悩み。恋人にどう見られたいか、自分をどう見せるか、ってね。嬉し、恥ずかし、ワクワク、ドキドキしちゃうね。

でも、先生！　学生の尖《とが》った声が聞こえそう。恋人に見られることで、下着の色やデザインが問題になると、先生はおっしゃいますが、そんなこと関係なしに下着にこだわっている人っていますよね。確かにそうだ。でも、だからって下着の特殊事情は変わんないよ。「見られないもの」から「見られるもの」へという特殊事情が、自分と恋人から、見る自分と見られる自分に移されているんだと、僕は思う。でも、これはもっと考えてみる必要ありだ。そう単純なパラレル関係でもないね。複雑そうだから、また今度ね。

あっ、いま気がついた。下着の存在理由だけど、なにも生理機能の保持と好きな人への自己表現だけじゃないね。その間に、性的表現というのがあるよ。それも前者と後者のどちらにより振れるかで、下着はいろんな姿を見せるんだ。前者に振れば振れるほど、下着は愛が薄れた肉体の自己表出そのものとなる。後者だと、相手への想いが肉体に溢れる自己表現の媒介となる。ただHな下着とHを誘う愛の下着は違うよね。あっ、でもこの違いは少しオトナ、いやいや、恋おおきオトナにならないと分からないかもね。恋せよみんな、熱き血潮に触れもせで[*1]、人生なんか語っちゃだめだよ。

## 制服——集団識別の服

次に思いつくこと。ミキちゃんやサっちゃんの降りるバス停、制服が目印。ナース服は看護師さん、黒やグレーのスーツはサラリーマン。色やデザインちがくても、どこの人か、分かっちゃう。あっ、お巡りさんの制服、まったくおんなじ。一目でお巡りさんって分かるよね。奇妙な服。形相を分有した服。着てる服で所属集団が分かるなんて！　きっと制服の存在理由は集団識別機能だね。今度は『制服の存在論』(笑)。隠れているものでは識別できないのは当たり前。服は何気に誰からも見られている。だったら、服が識別機能を担うのに適している。

＊1　与謝野晶子の短歌「柔肌の熱き血潮に触れもみで寂しからずや道を説く君」（『みだれ髪』1901 年）による。

クリアだね。えっ、でも、なんでそんな識別必要なんだ？　一体、何を識別してるんだ？

　とっても大きな病院でずっと診察待ち。うぇ、ちょっとまずそう。助けを求める。声かけるのはナース服を着た人、普通の服の人じゃない。だって、看護師さんは具合の悪い人の世話をするのがお仕事だから。つまり、こうなんだ。制服は誰に社会的役割を期待していいかを識別するため。しかも性格的特性さえも期待される。看護師さんなら親切でやさしく、警察官は誠実で正義感が強く、女子高生は清楚で純粋だって、その制服から誰もが期待するよね。

　これって逆からいうと、どうなる？　制服を着る人は、期待される社会的役割を果たし、その性格的特性を身に付けなきゃいけないいだ。まぁ、それを演じるだけでもいいんだけど。きっと社会は演技だけでも求めてる。制服を着た人は、その制服に期待される「らしさ」を最低限でも演じるべきなんだ。看護師は看護師らしく、警察官は警察官らしく、女子高生は女子高生らしく。なんかとっても窮屈。でも、制服は「らしさ」を育て、社会の秩序を維持する。だから制服は必要なんだと、僕は思う。いまどき「女子高生らしさ」って何ですか、ジェンダー差別だと、学生から批判されそうだなぁ……。いや、あのね、「らしさ」とは存在の本質発揮でね、フォイエルバッハのドイツ語では……って煙にまいちゃおっと。

あっ、すごい制服がある。制服は社会のなかでの集団相互を識別する。じゃ、僧衣や修道服は？　在家と出家、世俗と脱世俗の識別。社会そのものの拒絶。着飾ることを極端に避け、生理機能保持のためだけの服。粗末な僧衣や修道服はその機能さえもなかったり。一体、この人たちにとって服ってなんなんだろう？

## おしゃれな服——自己表現の服

さっきの風景、おしゃれ街道。ＣＤのようなボタンのベージュのコート。赤のコートに緑のタイツ。制服と思いっきり逆。彼女たちは思い思いに着飾ってる。あれ、服を着ることで何を飾っているんだ？　服は何気に誰からも見られているっていったよね。だったら服は自己表現のもっとも簡単な手段。でも自己表現が自己表出だけだったら、着飾るとはいわないよ。表出って、あるものをあるがままに示すだけだから。なら、表現として飾るっていうのは、あるものをそれ以上に示すことだよ。着飾るって、自己を自己以上に飾るってこと。そっか、服が生理的機能保持だけでなくファッション性やデザイン性も持ちえることと、これはパラレルだね。

でも、着飾るのは身体で、自己じゃないよね。あっ、しまった、哲学界の亡霊、心身問題が出てきちゃったよ。めんどうだなぁ。でもしょうがない、着飾るとなんか関係ふかそうだし、考えるとするかぁ。

着飾るのは心（内面）、それとも身体（外面）？　どっちもありだね。熱い想いを表現するのに赤いコートを着るとか、ぶっとい足を細く見せるのにテーパードパンツをはくとか。これって普通だよね。でも、着飾った服が身体の実質や心の内実とアンバランスだとドン引きだ。美しく着飾った人の薄汚い内面、ゴージャスに着飾った人の貧弱な身体、もうそれって詐欺だよ。着飾るはそれ以上を表現することだけど、それも度が過ぎると興ざめ。それ以上も適度じゃなきゃ。

じゃ、逆は？　美しい内面に質素な服、均整のとれた身体に貧相な服。はじめのはいいけど、後のはちょっとダメかも。スタイルいいんだから、もっと綺麗な服を着たらっていわれそうだ。さっきの着飾るのと受ける感じが違うね。なんでそうなるんだろう？

心と容姿、どっちが大切？　心、たいていそう答えるよね。外面よりも内面。この価値観が違いを生むんだ。それに、これってめっちゃくっちゃ極端になるよね。外面なんて関係ない、内面にこそ価値がある。誰もがそう信じちゃう。僕にはちょっと不思議、でもそうなんだなぁ。大悟君だって言ってたよね。肝心なのは外見じゃなく中身だって。心が外面をまったく拒否れば、着飾ることも、服さえもがどうでもよくなる。それどころか、身体は醜い、それを纏《まと》う僧服は糞やチリのように捨てられたぼろ布の糞掃衣《ふんぞうえ》。そう、身体は糞の如き捨てられるべきもの。

キリスト教だって同じだよ。神様はアダムとイブを創造し、二人に命じた。リンゴは食べちゃいけないよ。賢くなって神っちゃうからね。でもおいしそうだったので、二人はがぶり。アップルコンピュータの誕生だね（笑）。そしたら以前はそうでもなかったのに、二人は裸がやたら恥ずかしくなって、イチジクの葉で覆ったんだ。身体は隠すべき醜いもの。ある映画のなか、神父の台詞。貴女の美しい容姿は罪ですぞ、早く老いて醜くなることを神に祈りなさい、だって。極端だね。

あっ、そうだ。フィレンツェのサンタ・マリア・デル・フィオーレ、薄桃色と緑の大理石の大聖堂。とっても可愛い世界遺産。花の大聖堂、僕の大のお気に入り。なのに、附属美術館はひっそりたたずんでた。気づかない観光客。僕はふらりと中に。小さな木彫、踝《くるぶし》まで伸びる汚い髪、目は落ちくぼみ、頬骨《ほおぼね》はせりだし、やせ衰えた身体にぼろ布、胸元で手を合わせ立って祈る女性。まるで浮浪者、臭ってきそうだ。でも美しすぎる。僕は捕らわれた。この時よ、止まれ、ファウスト博士のようにつぶやく。

この女性は悔悛したマグダラのマリア（ドナテッロ作）。宝石や絢爛たる服、自らの黄金の長い髪で豊満な肉体を着飾る高級娼婦。イエスと出会い悔悛し、マリアはこの世のすべてを捨てた。だから美術館は街並みの陰に隠れて、人を寄せつけないんだ。服や身体の完全なる否定、完全なる内面性への意志。それが僕を襲った。美は完璧な純粋性と意志、少なくとも僕にとってはね。

ボロボロの服は外面の完全否定、内面の完全な純粋性の表現。でも、この世に全く純粋な内面なんてないよね。なら、これは内面をそれ以上に表現している。だったら、ボロボロの服はマリアの内面を着飾っている。ボロボロの服で着飾るって、なんか変だけど、そうなんだよ。

じゃ、この逆は？　同じ質問にもどるよ。「心と容姿、どっちの彼氏がいい？」「超イケメンじゃなきゃヤダ！」「えっ、優しくなくていいの？」「う〜ん、キャラも大切だけど、やっぱし外見かな。だってイケてないと好きになんかなんないよ！」結構いるよ、こういう子。内面よりも外面。この価値観だってありだよ。僕もそう思うし、否定できない。この究極もありなのかな？

浮浪者のようなマリア像もいいけど、ファッションショーも僕は大好き。ミーハーっていわれそうだけど、世界4大コレクションのファッションショーに行きたいんだ。パリコレだけでも、なんて、まぁ、夢の夢だけどね。完璧に均整のとれた身体に華麗な服。美しすぎてうっとり。このとき、モデルさんの内面なんかどうでもいい。それを問うのは野暮だって。

内面の完全否定、外面の完全な純粋性への意志。さっき内面の美で見た完璧な純粋性と意志は、その逆の外面の美にもあるんだよ。おんなじで、この意志も表現で、方向が違うだけ。だって、この世に内面のない純粋な身体なんてない。だから、これは外面をそれ以上に表現してるんだよ。華麗な服が身体を着飾る。うん、当たり前に、美しいってうなずけることだよ。心大切派には不思議かもしれないけどね。

## 心身問題のイメージ

外面より内面、完璧な内面美、内面より外面、完璧な外面美。先生はこれ全部オッケーなんですよね、矛盾してません？　いや、矛盾してないよ。内面と外面を対立させてイメージするから矛盾するんだ。僕は心と身体をそんな風に見てない。自分って、もともと心でも身体でもない。これが魂。魂は活動そのもの。活動はそれ以上という表現活動。自分は魂が心や身体として表現されるもの。しかも心と身体は別々に表現されるんじゃない。融合し合って表現される。あるときは心より身体が多めに、あるときは身体より心が多めに。心多めの自分だったり、身体多めの自分だったり。今日はとうがらし多めで、ってな感じかな。だから、正反対なものでも、同じものでも、ときどきに好きだったり嫌いだったりできるんだ。これってみんな普通に感じてることだよね。

先生！　学生の鋭い声があがりそう。心身問題はですね、心と身体をどうイメージするかじゃなくって、どっちが本当に存在するのか、あるいはどう関係するのか、ってことでしょ。イメージなんて非論理的、非学問的な……。確かに、そうだよね。心身の実在性に関する哲学的な問いだよね。それ、否定しないよ。でもね、僕はその議論に乗っからないよ。だって楽しくないもの。生きるってイメージを紡いで物語ること、少なくとも僕はそう思ってるんだ。だから、極端かもしんないけど、心身問題の哲学的解答がどうであっても、僕はイメージの世界を浮遊するよ。

先生、哲学じゃなくって……うん、今度はなんだ？……心理学科の学生なんですが、いろんな自分がいるって、それ自己同一性のない解離性障害になりませんか？　なるほど、でも僕のイメージでは、いろんな自分を魂が統一しているんだ。じゃ、先生は霊媒師を信じますか……えっ、なんのこっちゃ？……魂は心でも身体でもないんですよね、それってあの世に存在するんですか。なるほど、なかなか面白い質問だね。心身として自己表現しない純粋な魂があるのかどうか、あるとしてどこにあるのか、僕は純粋な魂がこの世以外に存在しえるとイメージしてるんだ。でもこういうとまじオカルトだ、超ヤバイ人って思われそうだね、だからもうやめていい?……そこって僕の超プライベートなとこ、超デリケートな信仰の領域なんだ、だからもう踏み込んでこないでって、叫びたくなる。率直な質問は大歓迎、でもね、デリカシーのないのはどうもね……。

## 楽しむことと生きること

あっれ〜ぇぇ? 僕の大好きなドナルド・ダック、首を傾《かし》げて腕組み、わっわっわ!って文句。この本のテーマ、楽しむだよ、○◇※△☆! そう、そうでした。

では、服の風景のなかで、服を楽しんでいるのは誰か? 一年中おんなじスタイルの大悟君、寒いからって毛糸のパンツをはいているサっちゃん、おんなじようなスーツ姿のサラリーマン、制服姿の学生たち、お巡りさんも看護師さんも、ただ服を着ているだけ、服を楽しんでるなんて、全然いえないね。天候や気分で茶のマフラーを選んだ僕、CDボタンのコートの女性、クリスマス・コーディネートの女性、ヴィヴィアンの服でデートに行こうとしているサっちゃん、デート下着のアドバイスをする女友達。服を楽しんでいるのは、間違いなくこの人たち。

共通点は何だろう？　生理的機能保持や社会的識別機能のためだけに服を着てるんじゃない、服をそれ以上のものとして着てるってこと。つまり着飾ってるんだ。服のそれ以上において、心身がそれぞれのそれ以上を表現してるんだ。じゃ、服を楽しむって着飾るってこと。なら、楽しむってそれ以上という心身の自己表現ってことになる。あっ、ここからいろんなことがいえそうだ。

生きてるってなんだろう？　それって心身の活動、つまり心身が自己表現しているってこと。じゃ、生きるって楽しむってことだね。逆に、楽しむって生きることだ、っていっても変な感じしないよね。ってことは、生きることと楽しむことは、おんなじことなんだよ、きっとね。

もう、わかってるって思うけど、僕は快楽主義を主張してるんじゃないよ。だって、パリコレのモデルのように内面を否定する快楽主義の方向とおんなじで、マグダラのマリアのような外面を否定する禁欲主義の方向も、やっぱり自己表現なんだ。なら、どちらも楽しんでいることに変わりないよ。それにどっちも美しいんだから、どっちもありだよ。

だから、禁欲主義か快楽主義か？ って議論なんてつまんないよ。だって、キルケゴールのような「あれかこれか」じゃなくって、ヘーゲルのような「あれもこれも」でいいじゃん。質的弁証法じゃなくって、量的弁証法でかまわないよ。う〜ん、もっというと、あるときはキルケゴール、あるときはヘーゲル、どっちもあり。超いい加減、怪人二十面相、さてその実体は？ っていわれそうだなぁ。でも、なんでみんな、そんなに実体にこだわるんだか、僕は不思議だよ。

生きることが楽しむことなら、じゃ、何を楽しむんだろう？ 服、音楽、絵画、映画、釣り、ジョギング……。うん、そうだね。でも、服で見てきたけど、これらの根っこは、心身の自己表現を楽しむってこと。心身の自己表現は生きるってこと。なら、生きることを楽しむ。生きると楽しむは同じ。だったら、生きることを生きる、楽しむことを楽しむ、なんだこれは！　カラスはカラス、ってなもんで、なんもいってないのとおんなじ、同語反復だって論理学の先生に怒られそうだ。でも、そうでもないんだ。同語反復って無限ループ。なら生きることを生きるって、こういうことかも。生きることは活動そのもの、止まってしまえばお終いだってってこと。おんなじで、楽しむことを止めたらお終いなんだ。マグロやカツオは泳ぎ続けないと死んじゃう。僕らもおんなじ、生きて楽しみ続けなければアウトなんだ。

生きることを楽しむ、生を楽しむ。おんなじようだけど、違うよ。生きるは動詞、活動を表すけど、生は名詞で活動の停止だ。おんなじで、心身を楽しむでは心身が停止する。心身の表現することを楽しむ、ぎこちないけど、こっちの方が的確だよ。服を楽しむ、もおんなじ。服を着ることを楽しむ、がいいね。服を楽しむだと、楽しみが服に限られてそうで、なんか窮屈な気がして、楽しくない。あっ、どうもここに楽しむってことの別の側面があるような気がする。

本をスペインやドイツのアマゾンでよく買うんだけど、いつも感心する。長旅なのに本の角がつぶれてない。しっかりと固定されてて箱のなかで動かないからだよね。そう、動くためには空がなければならないんだ。運動には遊びが必要。車のハンドルの遊び、自転車のチェーンの遊び……。だったら、楽しむことの自己表現も運動なんだから、遊びが必要。自己表現の「それ以上」って、遊びのことなんだよ、きっと。

思い出して、服のこと。これが服だっていえるのは、ちょっとでも生理機能を保持するとこがあればいいんだ。なら、CDのようなボタンがなくたって、服っていえる。CDボタンは服になくってもかまわないもの、服それ以上のものだよね。それにCDボタンは遊びだって普通にいえる。それ以上という遊び、それってなんなのか、見えてきた。必ずなければならないもの、拘束するもの、じゃない、ってことは、自由なものってことだね。なら、それ以上を着飾るって、自由な遊びを楽しむってこと。

服にとって自由な遊びはなくってもかまわないもの。でもね、心身はそれ以上の自己表現そのものだったよね。じゃ、心身は自由な遊びそのものってこと。つまりね、5グラムの金は5グラムの金、それ以上でも以下でもない。でもね、心身は自分自身とおんなじじゃない。いつも自らのうちに自由な遊び場がある、つまり過剰な存在なんだ。だから、自由な遊びが心身にとって必要なものっていうのはナシ。そういっちゃうと、心身と自由な遊びが分離しちゃう、心身が活動を停止して終わっちゃうもの。生を生きるが、生きることを生きるってのと違うのと、おんなじこと。

さて、そろそろ整理してみよっか。生きることは心身の自由な遊び、生きることは楽しむこと、生きることは無限ループ。なら、楽しむってこういうことだって、僕は思うんだ。心身の自由な無限の遊びを遊び続けること。僕の大好きなある哲学者の、死を前にした最後の講演の題目、遊びあきない実存。子供は遊びあきないよね。僕は子供であり続けたい。もう還暦なんだから、いい加減、馬鹿なこといってないで、大人になりなさい、あっ、どっかから厳しい声が……。でもね、僕は思うんだ、遊び続けて死さえも楽しめればってね。

# 再び服のある風景

服の風景に戻ろう。ビジネス・カバンを斜め掛けした黒やグレーのスーツ姿のサラリーマン。服装に自由な遊びがない。心身はがんじがらめで硬直。死んじゃってる。見てて楽しくない。そうさせるのは会社や世間。でも、それはしょうがないよ。だって世の中には最低限の「らしさ」の封印が必要だもの。でもね、せめてネクタイで、シャツで遊ぼうよ。僕は悲しくなる。なんか他のことで楽しんでいるのかなぁ。それならいいんだけど。

詰襟かブレザー姿の男子高生。制服で自由な遊びが封印されてる。サラリーマンとおんなじ。これもしょうがない。でもね、男子高生たちだと、あまり悲しくなんないんだ。だって、はじける声、ちょとした仕草、やることなすことに自由な遊びが輝いている。若者だから。楽しそうだね。若さは封印を解く、祓魔師《ふつまし》のアイテムなんだ。

制服姿の女子高生。男子高生とおんなじ、自由な遊びがはじけてる。それだけじゃない。シュシュやスカートのたけ、カバンにぶら下がる人形たち。制服の封印なんて関係ないって感じ。すごいね。本当に楽しそう。この楽しさは、ナース服を選んでるタマさんとおんなじだ。制服のなかのわずかな自由を楽しんでるんだ。めっちゃすごいね。

ＣＤボタンのコートの彼女。奇抜なクリスマス・コーディネートの彼女。標準とか普通とか、そんなことにこだわらない。服で自由に遊んでる。自由で生き生きしてて楽しそう。それ見て、内面が伴わないっていうのは野暮ってもんだ。そんなことという人は遊び心がないよね。

いつも同じ服装の大悟君はそういってたね。でも、彼に遊び心がないわけじゃない。彼は生きることを楽しむ達人だよ。外見じゃなく中身っていうけど、彼のコーディネートや着こなしは超素敵だ。会うたびにハッとする。たくさんの遊びが彼にはあるんだ。プログラムを創造すること、絵を描くこと、散歩すること、おしゃれをすること……。でも今はプログラムを創造することが一番楽しいんだって。だから今は服に時間を割けない。だからっておしゃれの楽しみを捨てたんじゃない。こう考えたんだ。同じ服装でも毎日楽しめる服を着ればいいってね。この合理性、割りきりが僕は大好き。余りを切り捨てても、余りの楽しみを忘れない。きっと、服を選ぶときに、いっぱい試して遊んで、楽しんだはず。こうやって、大悟君はいろんな時々の自分を遊んで、楽しんでる。ほんと自分自身に対して自由だね。

大悟君は服の楽しみを知りながら、割り切って、外見より中身って、うそぶく。スーツ、ネクタイ、ネクタイピン、ラペルピン、ポケットチーフ、カフスボタン……ころころと僕は替える。僕はカメレオンだって、大悟君。でも、ときどき僕の服をほめてくれる、僕らしいってね。僕の生き方を否定しない。そうなんだよ。大悟君が人の自由な遊びを、自分と違うからって全面否定したのを聞いたことない。むしろからかって一緒に楽しむんだ。ほんと他者に対しても自由だね。

楽しむ極意って、こういうことだ。自分の自由な遊びを遊ぶ、なら他者の自由な遊びを、遊びの自由を妨げないこと。それあってね〜、それって超つまんない、って文句いってもいい。いいあって遊ぶ。だけど、他者の自由を完全に奪っちゃダメ。あっ、思い出した。ルネッサンスのイタリアの哲学者ピコがいってたっけ。人間は自分の思うとおりの自分になれる自由があるって、それが人間の尊厳。なら、楽しむって、生きることの自由を遊ぶってこと、人間の尊厳は楽しむことなんだ。うん、この結論いいね。気に入った。

でも、先生、それって結局なんでもありの自分勝手ってことじゃないですか……う〜ん、そうくるか。でも、そうじゃないよ。遊びは自己表現。表現って見られることが前提だよ。服、特に下着のこと、思い出してみて。デート服や下着の自己表現には自分と恋人の見る見られるの深刻な悩み、っていうか、ワクワク、ドキドキ感あったよね。そう、楽しむ遊びの自由は自分勝手じゃないよ。一緒に遊び楽しむってことなんだよ。タラちゃん、あ〜そ〜ぼ、……バイバ〜イ、またね、ってやさしさが溢《あふ》れてるよね。

そろそろ寝なきゃ。天気をチェック。明日は晴れ。講義はフランス実存主義。じゃ、ランバンのナポレオンジャケットだね。裏地はパリの市街地図。サルトルもボーヴォワールもおしゃれだったよね。二人の好きだったカフェ、裏地で学生に教えてあげよっと。僕らも行ったよね。あれ、タマさん、もう寝ちゃった？

# 2

# 人生を楽しむ

村田純一

皆さんは人生を楽しんでいるでしょうか。生きていることを楽しんでいるでしょうか。

もちろん、と答える方もいるだろう。他方で、なかなかうまくいかないことが多く、とても楽しんでいるとはいえない、と考える方もいるかもしれない。あるいは、いきなりそんな質問をされても、どう答えてよいかわからない、という方も多いだろう。

わたしが、このような質問から文章を始めたのは、わたし自身も答えがよくわかっていないからである。「楽しむ」という言葉の意味を辞書やインターネットで調べてみた。すると、多くの説明に共通に見られたのは「心が満ち足りた状態になり、安らぐ」という意味である。もうひとつ、「そのもののよさを味わう」といった意味が加えられる場合もあるが、基本的には、なにかを楽しむ、という場合には、その対象によって満ち足りた気分になる、ということが意味されているようである。具体例のひとつとして、しばしば「人生を楽しむ」という表現が挙げられている。

もちろん、「読書やゲームを楽しむ」のように、趣味が話題になる場合や、「美しい景色や、初夏のすがすがしい気候を楽しむ」といった具合に、自分の置かれている環境について楽しむ、という言い方がなされる事例も多く見られる。あるいは、「次にお会いする機会を楽しみにしています」とか、「孫の成長が楽しみだ」というように、将来の出来事を話題にすることも広く見られる表現である。これらはみな人生のなかのひとこまについて、それが楽しい、ということがいわれているわけなので、そうした限定を取り払って、人生全体について、あるいは、生きていることそのものについて、楽しい、ということがいわれているわけではない。人生が話題になる場合でも、念頭に置かれているのは、「青春を楽しむ」とか「余生を楽しむ」といった表現が示すように、せいぜい、人生の一時期についてのことが多い。

実際、長い人生には楽しいことだけではなく、苦しいことや悲しいことも多いだろう。そうした人生全体を対象として楽しむということは、どういうことなのだろうか。そもそも、人生、ないし、生きることは心を満たし、安らぎを与えてくれる対象として考えることができるものなのだろうか。

こうした疑問がわいてきてもおかしくないと思われるが、にもかかわらず、人生を楽しむ、としばしばいわれるのはなぜだろうか。こうした表現でいわれているのは、人生の過程で多くの楽しい出来事に出会っているということであって、それ以上には特別の意味は含まれていないのかもしれない。そうだとすると、この表現にこだわってもあまり意味がないのかもしれない。しかし、ここでは、もう少しだけこの表現にこだわって、そこからどのようなことが「楽しむ」ことに関して、あるいは、「生きる」ことに関して、いえるのかを考えてみたい。

## 働くことと楽しむこと

今回の『哲学　はじめの一歩』のテーマは、「働く」と「楽しむ」である。このテーマを利用して、働くこととの対比で楽しむことの意味について考えてみたい。

働くことと楽しむことを対比することは、少し変だと思われるかもしれない。

二つの言葉は、それぞれが属しているカテゴリーが異なっているので、両者を無条件に並べることは概念的混乱を招くことになりかねないからである。

働くことは、何らかの与えられた目的を実現するために何かを行うことであり、一般的には、行為や行動に属する事柄と見なされている。もし「働く」ことと対比される概念を探すなら、例えば、「遊ぶ」や「休む」などであり、また仕事との対比では「余暇」ということになるだろう。他方で、楽しむことは、一般的には、感情や情動に属する事柄と見なされている。喜怒哀楽、という言葉が知られているように、喜んだり、怒ったり、哀しんだり、といったほかのさまざまな感情状態との対比で、楽しむ、という状態が特徴づけられている。行為は目的の実現を目指して努力する、といえる活動だが、感情は、努力して得られるものではなく、むしろ襲われるものである。いくら楽しもうと努力しても、楽しい感情が沸き起こってこなければどうにもならないし、悲しもうと努力することはナンセンスのように思われる。

こうした事情があるにもかかわらず、しばしば、働くことと楽しむことが対比的に考えられることがあるのは、「楽しむ」という表現が動詞であり、しかも目的語をとる他動詞であることによると思われる。この意味で、楽しむことには行為的側面も備わっていると考えられるだろう。そこでここではおもに「楽しむ」に備わる行為的側面に注目して、働くことと対比される理由を考えてみよう。

　第一に、働くことと対比される活動としては遊びや余暇で行われる活動が考えられる。実際、遊びや余暇の活動は楽しむことのなかでも典型的なものと見なされている。換言すると、働くことは、典型的には、楽しむことに属する活動ではない、と見なされることが多いということでもある。もちろん、働くことを楽しめればそれにこしたことはないにしても、多くの場合、必要であれば、退屈であっても、つらいことであっても、あるいは、やりたくないと思ったとしても、与えられた目標を達成するためにはせざるをえないのが仕事の特徴である。働くことは、生きていく上で、あるいは、役割上、行わねばならないという性格をもっているのに対して、楽しむことに関して、それをしなければならない、ということはいかにも語義矛盾のように思われる。楽しいことを行いたいと思うことはごく自然な欲求であり、それを実現しようとすることは自明なことだからということもできるだろう。カント哲学の言葉を使って、義務と自然的傾向性の対比ということもできるかもしれない*1。

もちろん、仕事を楽しむ、ということがないわけではない。「最近、仕事が楽しくて仕方がない」といった言葉を聞くことも珍しくない。仕事の上でなさねばならない課題をうまくこなし、成果が次々と上がっている場合など、このような言葉を発したくなるだろう。ただし、このような場合でも、楽しくて仕方がないという状態がもたらされていることは、働くことにとって、あくまで副次的なことにとどまるはずである。

もしこの点が逆になって、働くことにとって楽しむことがおもな目的となったとすると、どんなことになるだろうか。

極端な例かも知れないが、職業軍人の仕事を考えてみよう。軍人の仕事には戦争に勝利するという重要な課題が含まれている。では、この課題に取り組んでいるときに、楽しみながら仕事をすることができるだろうか。もし、戦争遂行の過程で、兵士が敵を殲《せん》滅する、つまり人を殺すことを楽しんで行っているとすると、そのような兵士のあり方は異常としか思われないだろう。だが、ここで問題なのはその点ではない。問題は、仕事には、つねにすべきことがあらかじめ目的とし

＊1　カント哲学における義務と自然的傾向性との対比に関しては、本書の「幸福について」（湯浅正彦）を参照。

て課せられており、その目的を実現することが第一義であるのに、この兵士は、本来の目的を度外視して、たんに手段にすぎないことを目的にして行為を行っている点で、働くことの本質から外れている、と見なされるからである。同じ理由によって、もし、あるひとが与えられた課題をいくら一生懸命に取り組んでも失敗続きであるにもかかわらず、当人は仕事が楽しくて仕方がないと思って仕事をしているとすれば、そのようなひとはやはり、働くことの本来の意味を理解していない、と思われるだろう。

このように、働くことと楽しむことでは、その活動のもつ構造が根本的に異なっている。ある活動が働くことと見なされている場合には、行うべき活動は与えられた目的を実現するための手段と見なされているのに対して、ある活動が楽しむことと見なされている場合には、行われる活動それ自体が目的と見なされている。ある活動を楽しんでいるときに、なぜその活動を行っているのかと問われれば、楽しいからだと答えることができる。さらに、なぜ楽しいのかと聞かれれば、楽しいから楽しいのだ、といって問いを遮断することができる。

それに対して、ある活動（たとえば、建物を建てる活動）を仕事として行っているときに、なぜその活動を行っているのか、と問われると、その活動の目的（たとえば、その建物で商売をすること）を答えるだろう。そしてその目的が再びひとつの働く活動である場合には、さらになぜその活動を行うのかという問いが立てられるかもしれないが、それに答えるためには、再び、当該の活動の目的（たとえば、金を稼ぐこと）をもちだすことになり、終わりは見えないだろう。このように、働くことと楽しむことでは、目的を外に持つ活動か、目的を内に持つ自己目的的活動か、という区別が成り立つ。こうして考えてくると、働くことと楽しむことを対立的に見なすことにも一理あることになる。

ただしここで、この区別の規準を絶対視することはできない。実際、余暇に楽しむことを目的に行われる読書にしても、スポーツにしても、あるいは、囲碁や将棋などのゲームにしても、それぞれ、目的をもった活動と考えることもできる。読書の場合には、一冊の本を読み終わることから得られる達成感もまた楽しみの重要な要因といえるだろう。また、スポーツやゲームでは、決まった規則に従って振舞うことが求められ、そうした振舞いの仕方に上達することが追求されるだろうし、なにより、勝負に勝つことも大きな楽しみの要因になる。

このように、遊びや趣味としてなされる活動にも、結果や成果と無関係に活動自体だけが目的となっているとは必ずしもいえないものも多数存在している。楽しむことができるためにも、成果をあげねばならない、ということにもなってくる。こうなると、遊びと仕事もそれほど大きな違いは見られない、ともいえる。実際、アマチュアとして活動していた棋士が、プロとして活動しはじめることになったとしても、取り立てて別のことを行うわけではないだろう。プロになった途端に、その活動は楽しむことから働くことに変わった、ということもできるが、しかし行っていることはほとんど違いがないともいえる。両者の区別を形成する要因となっているのは、その活動が置かれているコンテキストの違いだからである。

こうして考えると、働くことと楽しむこととは、相互に対立する特徴を含みながら、他方では、重なり合う場合も考えられる、という具合になっており、必ずしも明確に区分できるわけではない。それでも、ここで見てきたように、何が主要な関心事かという点では、大きく区別できそうだ。そうでないと、成果をもたらすこととは無関係に活動することに楽しみを見出すことが仕事になったり、楽しむことを追い求め続けいつまでも満ち足りた状態に到達しえないことが楽しみになったり、という奇妙な事態が考えられてしまう。

以上のように考えることができるとするなら、人生には楽しいことも多くあるかもしれないが、働く活動のように、楽しむこととは異なった構造をもつものも多く含まれているはずだから、人生を楽しむとか、生きることそのものを楽しむ、というのは、難しいことになるだろう。

それではやはり、人生を楽しむということでいわれているのは、人生には楽しいことも多くあるということにすぎないと解釈するほかはないのだろうか。

## 知覚することと楽しむこと

ここまでは、「働く」という、わたしたちが生きていく上で不可欠な活動を参照点にして、楽しむことの特徴を考えてきた。「楽しむ」という表現には、「働く」と重なる行為的側面が備わっているからである。次に、行為と同様に生きているときにわたしたちがつねに体験している知覚経験を参照点にして「楽しむ」という体験の特徴を考えてみたい。ただしここでは知覚に不可分に備わる感覚的側面に焦点を当てることにする。そのことによって、今度は、知覚と楽しむこととの対比ではなく、むしろ結び付きの方が浮かびあがってくるはずである。というのも、感覚は、世界から影響を被《こうむ》る、という受動的側面をもっており、この点で、感情と深い結び付きをもっているからである。それでは、知覚経験は、どのような意味で「楽しむ」という感情的あり方と結び付いているのだろうか。

(1) 知覚経験の二つの側面

働いている場合であれ、遊んでいる場合であれ、あるいはそのほかの活動を行っている場合であれ、わたしたちの活動はつねに世界のなかで行われている。そして、わたしたちの活動が行われている世界は、まずは、見たり、聞いたり、触ったりといったさまざまな感覚様相をもった知覚経験のなかで現れている。わたしたちが目覚めて生きている限り、わたしたちの生活は知覚世界のなかで営まれている。生きることは、知覚世界のなかで生きることにほかならない、といえるだろう。以上はまったくの自明な事実の確認にすぎない。しかしわたしたちが生活を営んでいるあいだ、つねに知覚世界のなかで生きているという事実に注意を向けることはまずないだろう。自明で暗黙の前提とされているからである。

しかし、たとえば何らかの理由で視覚を失ったとすると、わたしたちは視覚世界を失うことになり、それまで自明だった視覚世界の存在は自明でなくなり、経験は大きな危機に陥る。危機に陥ったひとは、その危機を乗り越えて新たな世界のあり方のなかで経験を再構築する作業に立ち向かうことになるが、その作業は多くの困難を伴うだろう。こうした事情があるために、「わたしたちはつねに知覚世界のなかで生きている」といえるにしても、その世界のあり方は多様であり、一概に語ることはできない。しかしここでは、ひとつのモデルケースとして、五感を備えたひとに現れる知覚世界を念頭において話を進めることにする。

わたしたちの日常経験の多くは、こうした知覚世界のなかに現れている特定の対象に注意を向けることによって成立している。

たとえば、大工が家を建てる仕事をしている場面を考えてみよう。木材を組み合わせて釘を打っているところだとする。釘を打つという作業は、材料の木々を前にして、釘を手に持ち、ハンマーでそれを木材に打ちつけることから成立しているので、少なくとも、目で釘や木材を見、それらに手で触り、ハンマーが釘に当たる音を聞く、という知覚経験と、それに伴って実現される身体行為が中心となっている。この時、これらの経験の対象は、釘（と木材）であるが、その経験は、少なくとも視覚、触覚、聴覚といった感覚や、姿勢を整えて体を動かすという自己受容感覚や運動感覚が動員されて成立している*2。したがって、この過程で、経験の対象は同じだけれど、その対象をどのように経験しているかは、そのつど多様である、といえるだろう。

この意味で、大工の作業において多様な知覚経験が成立しているといえるが、大工はこれらの経験のあり方に注意を向けることはない。注意はもっぱら対象である釘や木材に向けられており、それらがいかに経験されているかは背景に退いている。実際、自分が釘を見たり触ったりしている感覚のあり方に注意を向けていたのでは、作業はストップしてしまうだろう。まして、こうした対象に関わって作業している場が、知覚世界のなかで成り立っている、といったことに意識が向かうなどということは、まったくないだろう。先にも述べたように、こうした点に意識が向くとすれば、それは、視覚や聴覚などの感覚に異常が発生する場合のように、経験のあり方が危機に陥る場面だからである。少なくともそうした危機的状況に陥っているのでなければ、つまり、日常性が成り立っている場合には、知覚世界の存在は背景に隠れ続けている。

ここで話を先に進めるために少し整理しておきたい。

ここであげた例からも分かるように、知覚経験には、なんらかの対象に関係しているという点で「なにを」に関わる側面と、その対象をどのように経験しているかに関係する点で「いかに」に関わる側面が備わっているといえる。前者を経験の対象的側面、後者を経験の感覚・感情的側面と呼ぶことにしたい。通常の経験では、もっぱら対象的側面に注意が向けられており、感覚・感情的側面は背景に退いている。後者に注意が向けられるのは、何らかの障害に襲われ、経験に危機が生じてくる場合が典型例であるが、必ずしも危機的状態ばかりではない。日常生活のなかでも場合によっては、この側面が浮き上がってくる場合がある。以下ではそのような経験の例を考えてみたい。

＊2 「自己受容感覚」とは、わたしがわたしの四肢や姿勢全体についてもっている内的な位置感覚を意味し、「運動感覚」とは、身体を動かすときに意識される感覚を意味している。ものを見たり触ったりする知覚経験は、対象をさまざまな側面から経験する過程として成立しており、その過程には、つねに身体運動が伴っている。したがって、どんな知覚経験にもつねに身体に関する自己受容感覚と運動感覚の働きが不可欠な要素として含まれていると考えられる。

## （2）知覚経験を楽しむ

わたしたちの生活のなかで、見たり聞いたりといった知覚経験が、それだけ単独で際立つことは少ない。先の大工の例でも明らかなように、見たり聞いたりといった知覚の働きは不可欠であるが、そこではもっぱら「なにを」認知するかが重要であり、それを「いかに」経験しているかは、少なくとも第一義的には問題にならないからである。それでも、日常生活のなかには、時には、「いかに」経験しているかが際立つ機会が訪れる場合もある。

たとえば、仕事帰りの夕方、帰宅途中にちょうど夕日が沈むところで、空が茜《あかね》色に染まっている景色に出会うと、思わず足を止めたくなるだろう。あるいは、普段あまり聞いたことのない鳥の鳴き声を耳にすると、何の鳥だろうか、と気になって、聞き耳を立てることがある。このとき、わたしたちは、たんに夕空について、ないし、鳥について、見たり聞いたりすることによって、それらの色や音についての情報を収集しているだけではない。つまり「なにを」見て聞いているかに関心が向けられているだけではなく、「いかに」見えているか、聞こえているかに関心が向けられている。あるいは、色や音の現れ方に注意がむけられ、その美しさや心地よさを「感じている」ということもできる。「感じている」あるいは「フィーリング」といいたくなるのは、この経験では、対象だけではなく、それを経験している自分自身のあり方もまた経験していることに含まれているからである。このような場合には、その場に立ち会っている自分のあり方も含めて、夕空の美しさを楽しんでいる、とか、鳥の鳴き声の心地よさを楽しんでいる、といえるだろう。

ただし、この場合、美しい色を見たり、心地よい鳥の声を聞いたりしている自分が楽しい気分になった、というだけではない。

そもそも、夕焼けの空が茜色に見えるとき、その色はどのような現れ方をしているのだろうか。空の色の現れ方は現象学的心理学者のD・カッツ*3の分類によれば、「面色（film color）」と呼ばれ、日常的に目にすることの多い物の色である「表面色（surface color）」から区別される。表面色の場合には、そこに堅い表面が存在しているように、抵抗感をもって感じられるのに対して、面色は、そのなかに入って行けるような柔らかさを備えているように感じられる。表面色と面色は異なった奥行きを示すのである。

＊3　D・カッツ（1888-1953）　ドイツの心理学者。フッサールの現象学をもとに心理学の研究を展開した。色彩の現れ方に即した分析が著名。

実際、夕焼けの空の色の場合も、そこに大きな壁があって色が塗られているように見えるのではなく、はっきりしない奥行きをもった空間性を備えて色が見えている。したがって、その色は、見ているものと対立して存在しているのではなく、むしろ見ているものをそのなかに包み込むような空間性をもって現れている。似たようなことは鳥の鳴き声の場合もいえるだろう。鳥の鳴き声は、自動車の走り去る音とは違って、固定した音源から聞こえるのではなく、一か所から発しているにもかかわらず、その声の広がりが一定の空間性を形成し、声のもつ快活さが聞くものを含んだ環境全体に広がっているように感じられる。

したがって、これらの経験では、茜色の醸し出す雰囲気の場に自分も含まれている、あるいは、鳥の鳴き声が作り出すすがすがしい環境のなかに自分も含まれている、こうした感覚をともなって、空の色や鳥の鳴き声を感じとっている、といえる。このときの自分に対する意識の仕方は、いま自分は何をしているのか、といった具合に、はっきりと自分を対象として反省するようなあり方をしているのではなく、むしろ、その場に居合わせ包まれているという意識、あるいは少し大げさかもしれないが、その場で生きているという意識のあり方を示している、といってもよいだろう。ハイデガー*4やメルロ=ポンティ*5のような現象学者の言葉を使うと「世界・内・存在」していることの感覚、あるいは、感じ方といってもよいかもしれない。

(3) 世界に内側から立ち会うこと

「世界・内・存在」という言葉はしばしば哲学のなかで用いられることがあるが、この言葉の意味を正確に理解することは簡単ではない。

ここまで、わたしたちはつねに知覚世界のなかで生きている、という言い方を繰り返してきたが、この表現で意味されているのは、知覚者が、箱のなかにいるように、世界のなかにいる、ということを意味しているわけではない。「なかにある」という言葉を聞くと、箱のなかに何かがあるという事態をイメージしがちであるが、そのようにイメージしている場合には、箱を外側から眺めながら、箱のなかに何かがある、と理解することになる。しかし、世界のなかに存在している場合には、わたしたちは世界を外側から眺めることはできない。どんな場合も、わたしたちは世界のなかでしか生きることはできないからであり、すべてのもの

*4 M・ハイデガー(1889-1976) ドイツの哲学者。主著『存在と時間』は20世紀を代表する哲学書といわれている。ハイデガーは、この著書のなかで、人間が世界のなかに存在する仕方を道具を使って行為するあり方に即して解明し、「世界内存在」という概念を提起した。
*5 M・メルロ=ポンティ(1908-1961) フランスの哲学者。主著の『知覚の現象学』において、メルロ=ポンティは、おもに知覚経験に即して、人間の身体的な「世界内存在」のあり方を明らかにした。

をそのなかに含みこんでいるのが世界だからである。したがって、この場合に世界のなか、ということでいわれている内側は、外側が存在しない内側ということになる。しかしいったい、外側をもたない内側ということを有意味に理解できるだろうか。

この事態を理解するにあたりひとつの手掛かりを与えてくれるのが、身体のあり方である。わたしたちは自分の身体をひとつの対象として外側から考えたりイメージしたりすることはできる。しかしそのように考えたりイメージしたりしているときにも、自分の身体から離れられるわけではない。わたしはどんなときにも自分の身体の内側からしか世界を経験することはできない。こうした事態を表現するために、「身体を（内側から）生きている」という言い方をすることにしたい。

少なくとも自分の身体に関する限り、その身体を丸ごとすべて他者の身体のように対象として外側から捉えることはできず、つねに内側からしか経験することはできない。例えば、手や足など身体の一部を対象として眺めたり触ったりすることはできるし、鏡を使えば、ほとんどの部分を見ることもできる。しかし、そうした身体を対象化する経験もつねに身体の内側からなされていることに変わりはない。この意味で、わたしたちは身体をつねに内側から生きているのである。

わたしの「身体・内・存在」のあり方を、ものが箱のなかにあるように捉えてしまうと、わたしと身体の関係が二つの対象のあいだの関係として捉えられ、その関係は理解不能なものとなってしまう。これがいわゆる「心身問題」の成立のひとつの起源である。「脳のなかの小人」*6やデカルトの松果腺《しょうかせん》*7を介した心と体の結び付きのモデルなどの奇妙な想定も、こうした考え方によるものである。

それでは、こうした対象化する思考の罠に陥らずに身体を内側から生きるという事態を理解するにはどのようにしたらよいだろうか。

触覚経験がひとつのヒントを与えてくれる。

たとえば、机を手で触りながら、その表面の様子を感じ取っている場合を考えてみよう。そのとき、注意は対象である机の表面に向いているが、同時に、机を触っている手の様子も、まったく意識に上っていないわけではない。少なくとも背景的には、机の表面に沿って動いている手の感覚が生じている。もしその手を強く机に押し付けたとすると、今度は、それまで背景にとどまっていた手の感覚

*6　人間が世界を意識するあり方を、世界から情報が脳に伝えられる過程によって説明しようとしても、最後には、その情報を意識する過程が必要になってしまう。こうした必要から持ち出されるのが脳のなかの小人の想定である。
*7　デカルトは、精神と（物質である）脳とが相互作用する場として、脳のなかに特別の器官が存在することを想定し、それを松果腺と呼んだ。

が浮き上がってきて、机の表面についての感覚と手についての感覚の両方が意識に上ってくる。このとき、わたしの経験は机と手との二重の経験であるといえる。

もしここで手を机に押し付ける力をさらに強めたり、あるいは、机の表面がささくれだっているために手に傷を負ったりした場合には、手に痛みを感じはじめるかもしれない。その場合には、さらに注意は身体の方へ向かうことになる。他方で、触れているものが机のような硬いものではなく、柔らかいぬいぐるみのようなものである場合には、今度は、対象の柔らかさと同時に、心地よさが感じられてくるだろう。いずれにしても、こうした場合には、身体を内側から生きているその感じが、さまざまな仕方で感覚的、感情的な色彩を帯びて浮き上がってくることを体験できる。もしこのように考えることができるなら、少なくとも「(内側から)生きられた身体」がどのような現れ方をするのか、「いかに」経験されるのかについて語ることができるだろう。

そして、このような「生きられた身体」のモデルをもとにすれば、「(内側から)生きられた世界」がどのようなあらわれ方をするのか、「いかに」経験されているのかについても、語ることができるだろう。そして、まさにその試みが、先に示した夕焼け空の色や鳥の鳴き声の知覚の記述の試みである。

日常生活では、ほとんどの場合、注意は世界のなかにある対象に向かっており、背景となっている世界の方に注意が向けられることはない。世界はいつも内側から生きられ、背景に退いているからである。しかし日常生活のなかでも、そうした（内側から）生きられた世界のあり方がさまざまな感覚や感情をともなって浮き上がって現れてくることがある。夕焼け空の茜色の美しさを楽しみ、鳥の鳴き声の心地よさを楽しむとき、その経験のなかで、わたしたちは世界を内側から生きるということがどのようなことかを感覚的、感情的に味わっているのである。こうして、生きていること自体を楽しむ、ということがいえる少なくともひとつの事例が見出されたことになる*8。

## 背景的感情——結語に代えて

そろそろ「人生を楽しむ」「生きていることを楽しむ」とはどのような意味か、

*8　ここで見てきたような意味で夕焼け空の色や鳥の鳴き声を楽しむという経験が成立するためには、一種の視線の向け変え、ないし、態度変更が起きる必要がある。「なにを」知覚しているか、という視点から「いかに」知覚しているか、への視点の転換である。こうした転換を意識的に引き起こそうとするとき、「芸術」という言葉を使いたくなる世界の見方が成立する。

という問いからはじまった本論に結末をつけなければならない。

第1節では、楽しむことに備わる行為的、活動的側面に注目して、働くという活動のあり方と対比して、楽しむことの性格を自己目的的活動と規定した。他方、第2節では、楽しむことに備わる感情的、受動的側面に注目するために、知覚経験における感覚的、感情的側面を取り上げて検討した。ここで見出したのは、どんな経験がなされている場合も、世界のなかに存在している、ないし、世界のなかに生きている、という背景的感覚が備わっており、この意味で、世界と自己のあり方を楽しむといいうるような契機が前提されている、ということである。したがって、第1節で取り上げた楽しむことが活動することとしての楽しむことだとすると、第2節で取り上げた楽しむことは存在することとしての楽しむこと、生きることとしての楽しむこと、ということになる。前者の楽しむことが世界のなかで行われる活動のあり方を示すとすれば、後者の楽しむことのほうは、前者の楽しむことの前提に関わっているともいえるだろう。

そうだとするなら、人生を楽しむ、とか、生きることを楽しむ、という表現は、たんに、人生には楽しいことがたくさんある、ということを示しているだけではなく、人生そのもの、生きることそのものに楽しい、といってよい次元が含まれていることを示唆していることになる。

しかしながら、ここで疑問が呈されるかもしれない。後者の意味での楽しむこと、つまり世界のなかに生きていることを楽しむことは、たしかに、知覚経験として顕在化する場合もあるが、そうした経験がなされていない場合には、必ずしも成り立つとはいえないのではないか。生きている過程では、悲しんだり、苦しんだり、あるいは、怒ったり、といった様々な感情をともなった体験が実現しているはずであるから、それらの体験の場合には、生きていることを楽しんでいるとはいえないのではないか。

こうしたもっともな疑問に答えるために、アントニオ・ダマシオ*9という脳科学者の提起している「背景的感情（background feeling）」という言葉を利用して補足しておきたい。

わたしたちのどんな活動も知覚世界のなかで行われているが、日常生活のなかでは、知覚世界の存在は背景に退いており、それが主題化することはほとんどない。他方で、そうした背景となっている世界のなかで生きていることが浮き上

*9　アントニオ・ダマシオ『デカルトの誤り　情動、理性、人間の脳』田中三彦訳、ちくま学芸文庫、筑摩書房、2010年、237ページ以下参照。

がってくる経験をすることも必ずしも珍しくない。それが知覚経験を楽しむといえるような場合である。それでは、背景となっている場合には、こうした知覚経験を楽しむという次元はなくなってしまうのかというと必ずしもそうではない。ちょうど、手によって対象を触っているとき、注意は対象に向かいながら、手についての感覚の方も背景で続いている場合と同じように、触覚以外による知覚経験の場合でも、顕在化されてはいないが、潜在的に、背景として、世界のなかにあるという感覚や感情は続いている。

それどころか、すでに見てきたように、視覚の場合であれ聴覚の場合であれ、自己受容感覚や運動感覚は常に働いており、そうした身体の働きなしにどんな知覚も成立することはありえない。この意味で、知覚的経験はつねに身体を内側から生きているという感覚を伴って成立しているのであり、この「身体・内・存在」の感覚あり方が「世界・内・存在」の感覚の中核を形成しているのだ、といえるだろう。

ダマシオは、こうした背景的な身体感覚を「背景的感情」とよび、それを「生そのものの感覚、存在の感覚（the feeling of life, the sense of being）」と表現している。

この背景的感覚は、明確な喜びや怒りなどの情動に支配されているときには、その座を奪われてしまうので、この感覚を感じているといえるのは、それら明確な情動のはざまの時間ということになる。しかしほかの情動に支配されている場合にも、この感覚が完全に失われることはない。というのも、この感情を失うということは、背景的な身体感覚を失うことであり、それは、身体の統合の感覚を失うことだからである。身体の統合感覚を失うということは、病態失認症患者のように、身体に不都合が生じていても、自分の医学的状況を自覚できず、さらには、自己の統一性をも失うことにほかならない。

ダマシオはこのように「背景的感情」という概念をもっぱら身体感覚に絞って適用している。ダマシオの感情論が身体を中心として形成されたものであるからである。それゆえ、この概念を世界にまで拡大して適用することはダマシオの意図に反するかもしれない。しかし、少なくとも感覚・感情を身体感覚に特化して考えるのではなく、すべての知覚に備わる側面として理解するなら、この概念を「世界・内・存在」の感覚に適用することも可能だろう。

もしこの点が認められるなら、わたしたちがどんな経験をしているときにも、世界のなかに生きている、という「背景的感情」がつねに備わっており、それが世界のなかに生きているという感覚なのだ、といえるだろう。

それでもやはり疑問は残るかもしれない。これまでは、生きることを支える背景的感情を「楽しむ」という表現で表わしてきた。しかしこの感情は、いつものようなポジティヴな意味をもつ表現で表せるのかどうか、この点は必ずしも明らかでない。場合によっては、楽しめない、というネガティヴな感情として実現することがあるかもしれないし、さらには、こうした感情を失ってしまうかもしれない。そしてそのときには、自己を含めて世界を内側から生きるという感覚を失うのだから、いわば自己と世界の存在を失うことを帰結することになる。具体的には、ダマシオが挙げている病態失認症ばかりではなく、統合失調症の場合のように現実感を喪失する症状など、さまざまな場合がその事例として考えられる。このように考えられるとすると、「人生を楽しんでいますか」「生きていることを楽しんでいますか」という問いは、一見無邪気な問いのように見えるが、実際は、自己と世界の存在に関わるきわめて根底的で哲学的な性格をもつ問いでもあるのだ。

# 3

# 幸福について

湯浅正彦

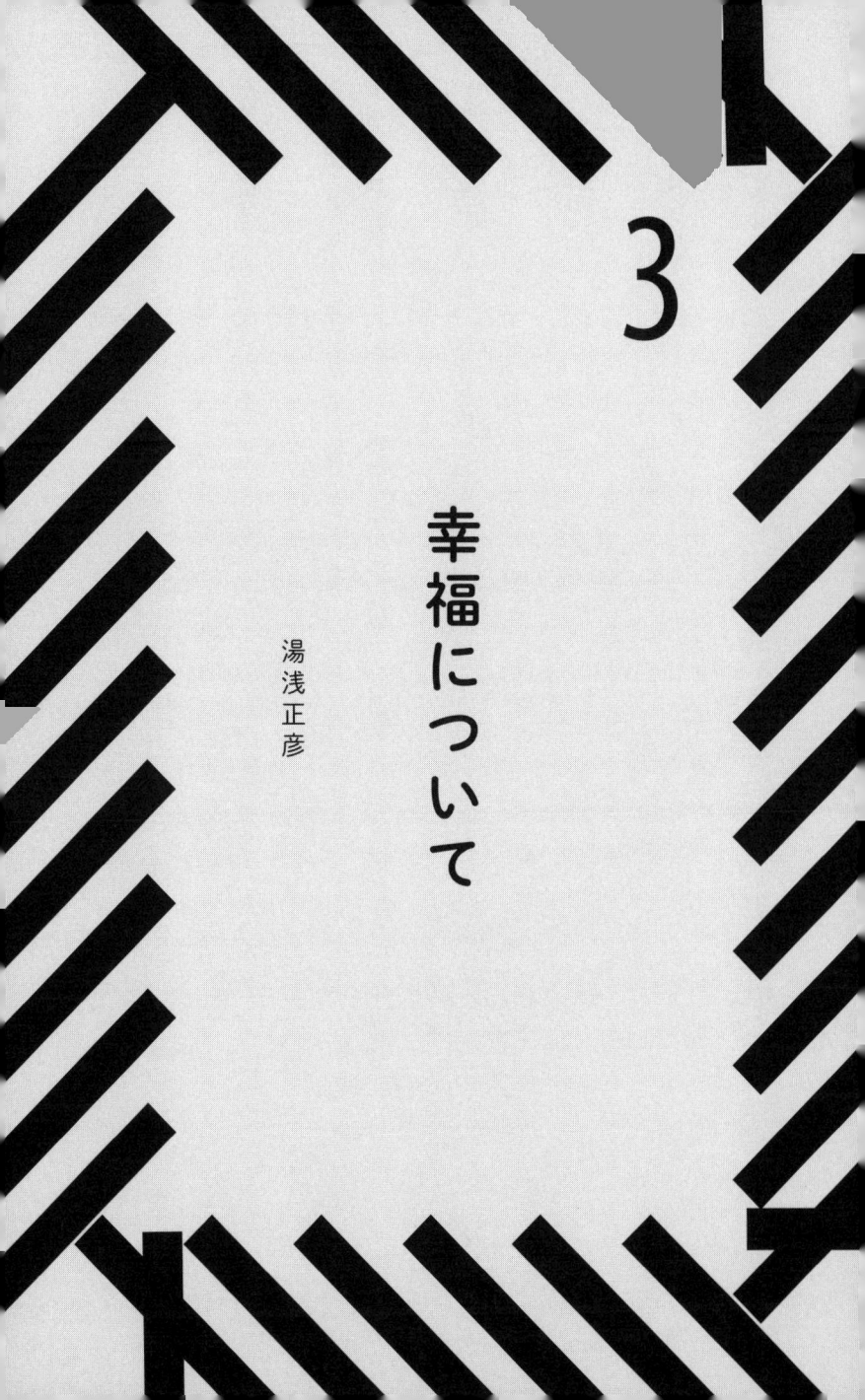

# カントの幸福論への接近

学生　先生、先日の飲み会《コンパ》では、本当にご馳走様《ちそうさま》でした。

教師　いや、まあ、たまにはね、……はて、そんなにおごったかな。よく覚えてないが……

学生　でも噂《うわさ》は本当でした。

教師　なんのことかね。

学生　先生ほど楽しそうに愉快《ゆかい》そうにお酒を飲まれる方は珍《めずら》しい、普段《ふだん》の授業のときとは別人みたいだ、とか聞いていましたが、本当でした。

教師　はっはは、それはそうだよ。楽しく愉快に飲まなかったら人生の幸福《しあわせ》が減るというものだ。

学生　先生でも幸福なんてことを考えられるのですか。

教師　君、君、私だって人間だよ。およそ人間と生まれたかぎりは、自分の幸福を求めずにいられるわけがなかろう。人情というものだし、哲学的に言えば人間の自然本性《しぜんほんせい》だよ。

学生　ううん、やはりそうですよね。それでこそ、今日の面談にやってきたかいがありました。

教師　どういうことかな。

学生　私は、前学期に先生が担当されたカントのテクストの講読に出席しました。

教師　ああ、『人倫の形而上学の基礎づけ』（以下『基礎づけ』と略）だったね。

学生　本格的な哲学のテクストを読むのはまったく初めてで、先生がとても丁《てい》寧《ねい》に解説してくださったのですが、それでもなかなか理解が行きとどかず、もどかしい思いをしました。

教師　それは仕方《しかた》がないよ。どんなに優れた素質をもっていても、ああいうテクストを読解する能力を身につけるには、長期間にわたり持続的に訓練をするしかない。誰でもそうさ。それで、何かね。

学生　講読に出席しているうちに私が問題を感じた一つが、カントの幸福の扱いだったんです。それで今日は、そのことについて先生にいろいろ教えていただこうという心算《つもり》で来たんです。

**教師**　ふうーん、少々厄介《やっかい》だな。

**学生**　どういうことでしょうか。

**教師**　カントの幸福論という論題は、専門の研究者にとってはかなり巨大なものので、十分に論じきるには相当な時間とエネルギーを要する。そもそも彼の幸福についての議論は、彼の道徳哲学のハードな枠組みのうちに埋《う》め込《こ》まれていて、周到に扱うには、そこから始めなければならない。

**学生**　あんまり大げさなことは考えてないんですが……。『基礎づけ』の第一章と第二章に、いくらか幸福についての議論がありましたでしょう。主として、それについて、少しばかりお尋ねしたいといった程度なんです。

**教師**　うむ、それなら、いわば制限された暫定《ざんてい》的な議論ということで、後日の君の研究の材料をいくらか提供するといったところで、いいだろうか。

**学生**　勿論《もちろん》結構です。

# 自己幸福が道徳性の原理ではないこと、幸福と快楽の区別と関連

学生　それで、カントは道徳哲学において「幸福」の意義というか、重要性をまったく認めなかったと思うんですよ。だって、われわれ人間の道徳的に善《よ》い行為、それを生じさせる「意志」の根本的な在り方は、「定言的《ていげんてき》命法《めいほう》」とかいって、有無《うむ》を言わせず「義務」を行なえと命じる「道徳的法則」に従うことだと言うし、自分自身の幸せ《しあわ》――「自己幸福」でしたか――を目指して行為するのは、道徳的な悪につながると言うんでしょう。われわれ自己幸福を得ようとあくせくしている凡人とは、まるで話がかみ合わないじゃないですか。

教師　ふうー、まあ、言い分は一応は分かった。でも、いろいろ吟味を要することがあるから、少し丁寧に考えていこう。

これは先日の面談の折《おり》にも話したことだが（湯浅正彦「自由という難問」、

立正大学文学部哲学科編『哲学 はじめの一歩』春風社、二〇一五年に所収、を参照)、カントが「義務」ということで真っ先に考えているのは「約束を守る」、裏返せば「嘘をつかない」(「真実《ほんとう》のことを言う」)ということだ。

学生　あっ、想い出しました。たしかに、どんなに自分にとって愉快で楽しいことでも、約束に反するような仕方で追求するのは、道徳的に悪いとは思います。でも、だからと言って自己幸福の追求を全面的に否定するのは、どうかと思うんですよ。

教師　別に全面的に否定することにはならないだろうが。義務に反しない範囲で自己幸福を追求することは許されているさ。

学生　どうもうまく言えないなあ。……言いたいのは、そういうふうに約束を絶対視するのはおかしいじゃないかということなんです。お互いに大目に見あったり融通《ゆうずう》をきかした方が、お互いの幸福が増大する場合には、約束を破るといったら語弊《ごへい》がありますけど、……まあいいんじゃないでしょうか。

教師　ふうー、でも、それは自堕落《じだらく》というものだと言わなかったかね。そうやって、こういう特殊な事情がある場合は、あるいはこうした事情をかかえている自分だけは、というふうに例外を作って義務の絶対性、すなわち普遍的で必然的な妥当性《だとうせい》を掘《ほ》り崩《くず》すやり方、つまりは、自己幸福を義務に優先させようとする根強い傾向こそは、私の解釈では、カントが人間性における「根本悪」として弾劾《だんがい》したものなんだよ（『たんなる理性の限界内の宗教』第一篇を参照）。

学生　「根本悪」⁉、そんなおおげさな……

教師　いや、そうでもないさ。たとえば、新聞やテレビで、企業や政治における汚職のたぐいが報道されない日は稀《まれ》だろうさ。暴露されれば責任を問われ非難され、場合によっては刑事罰に相当するような行為を生じさせるところまでエスカレートするような、人間性のうちに深く根を張っていて根絶がきわめて困難な悪《あ》しき考え方なんだよ、「まあいいんじゃないか」というのは。

学生　それはそうでしょうけれど……

教師　まさかバレなければいいというのかね。

学生　そんなことはありませんが、……でも、自分が現実にそういう機会に直面したらどうなるかと考えると……

教師　それは……私も同じだがね。

学生　まさか、そんな！　先生までが……

教師　人生一寸《いっすん》先は闇、と言うだろう。カントは、われわれが自己自身の道徳的な考え方――「心術《しんじゅつ》」というやつさ――を見通す能力がきわめて限られていると、繰返《くりかえ》し指摘している。われわれは各自、時々刻々行為して生きることで、自分の「心術」の善悪のほどを認識する、同じことだが、善いあるいは悪い自己を実現することになるという、畏《おそ》るべき課題に直面しているのさ。それこそが人間の根本的な境遇であるということを知らせるのが、カントの道徳哲学なのである。

ともあれ、ここまでくれば、カントが自己幸福を道徳性（道徳的な善《ぜん》）の原理から徹底的に排除した理由が、かなりの程度納得できるだろう。道徳的に善《よ》く生きようとする者は、自己幸福によって悪へと引きずられる――あるいはむしろ、そうした仕方で「自己」を形成する（自己規定する）――ことのないよう、いつでも十分に警戒しなくてはならないのだ。
ところで、少し遅《おそ》きに失《しっ》したかもしれないが、「幸福」ということと、愉快で楽しいこと――これは、日本語としてはドギツイが、哲学議論ではしばしば「快楽《かいらく》」と称される――との区別と関連を考えておくべきだ。

学生　どういうことでしょうか。

教師　いくら楽しくたって飲酒ばかりしていたら、健康をそこなったり、仕事や学業に支障をきたすだろう。やはり適切な限度があって、その範囲内で自分の生活のうちに位置づけてこそ、飲酒も「幸福」の一部たりうる。

学生　それはそうですね。

教師　だから、自分の生活のうちで、どのような種類（質）の快楽をどれほど（量）追求するかが、それぞれのひとの自己幸福の内容を形成する。

学生　なるほど、その通りですね。

教師　それればかりではない。人生のステージということも考慮すべきだろう。大方の人間は、学校で教育を受ける時期が終われば、社会に出てしかるべき職業に就《つ》いて生計を立て、やがては結婚し家庭を築き、子育てなどを行なった後、退職して年金生活を送り晩年を迎える。こうした紋切型《もんきりがた》の生活が、「人並《ひとな》み」の幸せとして長らく通用してきた。私が言いたいのは、この「人並み」の生活を自己幸福とするにせよ、それとは異なる生活をそう考えるにせよ、それは自己自身のこととして責任をもって引き受けなくてはならないということだ。

学生　でも先生、近ごろは少し好転しているようですけど、長らく「就職氷河期」とか言って、まともな職に就くのが難しかったんじゃないですか。結婚以下がどうなるかは、私に関しては、目下まったく見当もつかないや。

教師　それはそうだろう。その意味で自己幸福が、自己一個だけではどうにもできない大局的な状況に左右されるもので、「幸運」の程度――あるいは「運」のよしあし――に依存することも否定できない。それでも、自己幸福の内実をどういうふうに構想するかは、それぞれのひとの人生設計そのものであり、しかもそこに義務の遵守《じゅんしゅ》という絶対の制限条件が課されるということを理解すべきだと思うが、どうだろうね。

学生　まあ、わかりました。でもつくづく人生はシンドイものですね。

教師　それはその通り。私も教師として長らく暮らしているが、シンドイ思いをずっとしているのさ。

## 自己幸福の確保の義務、他人の幸福に関する親切の義務とその根拠への問い

学生　ところで先生、強く印象に残ったんですが、先生はたしか、「カントの説くところでは、他人の幸福を増大させること」――「親切」とか「人間愛」とか言いましたかね――「は義務であり、自己幸福の確保も間接的には義務である」と言われたことがありませんか。

教師　たしかにそう言ったよ。

学生　でも、先には自己幸福の追求は、われわれ人間の自然本性と言われましたよね。つまり、放っておいても追求するんだから、自己幸福の確保が義務だというのは、少しおかしくありませんか。

教師　君は私の説明したことを覚えていないようだね。

学生　すいません、何でしたっけ。

教師　少し考えればわかることだが、あまりにも不幸な境遇の者、たとえばあまりにも貧しい生活をしている者に、困窮《こんきゅう》している他人に施《ほどこ》す余裕があるわけがないだろう。

学生　その通りですね。それどころか、いろいろな悪事に手を染《そ》めかねないでしょうね。

教師　だからこそ、あまりに不幸に陥らないよう賢明に思慮し努力して、そこそこ幸福な生活を築く必要があるのだよ。おそらくこれは、カントが、経済的に安定しない生活が長かったところから得た知恵の一端だろうね。またここから、「親切」の義務の限度がおのずと決まってくるだろう。考えてごらん。自分の生活が破綻《はたん》してしまうまで他人に施すことは、道徳的にも為すべきではないだろうね。もっとも仏教の説く聖者である菩《ぼ》薩《さつ》なら、そうしたことができるのかもしれないが、われわれ凡俗はまねができないね。

学生　でも、もう一つ奇妙に感じたのは、「親切」の義務をカントが説明する仕方で、自分が困ったときに他人から助けてもらいたいならば、他人に親切にしておけ、みたいなことを言っていませんでしたか。

教師　たしかにそう言っている。

学生　でも、それって、定言的命法の有無を言わせぬ命令というのとは違ってませんか。

教師　それは難しい問題だが、君の考えているのはたぶんこういうことだろう。仮に、他人に親切にすべきだという義務に関して、自分はどんな場合でも他人に助けてもらおうとはけっして思わないから、他人を助ける義務も認めないという者がいたとすれば、その者にはその義務は定言的命法ではないことになろう。

学生　そうですね、そう言ってもいいでしょうね。

教師　問題は、われわれが人間《ヒト》であり、多少の個体差はあっても、肉体的にも精神的にも所詮《しょせん》は脆弱《ぜいじゃく》な生き物であること、しかも寿命は結構長く、幼年期や老年期に介護が必要なだけでなく、たとえ壮年期においても肉体的に、また精神的にも援助を必要とする場合がありうることだ。

学生　それはそうですが、先ほどのような理屈《りくつ》を言う者は、「自分はどんな場合でも他人に助けてもらおうとはけっして思わない」と断言するわけで……

教師　突き放した言い方をすれば、それはその者が無思慮で愚かで、高慢なのじゃないか。

学生　ずいぶんな言いようですね。そんなにまで言わなくても……

教師　議論のための議論——これを仏教用語では「戯論《けろん》」と言うが——をするのではなく、自分の人間としての肉体的精神的な条件を熟慮した場合、いつどんな出来事が起こって他人の助けが必要となるかもしれないことは明らかではないか。たとえば、その者が自動車にひき逃げされて重傷を負ったならば、自分の傍《そば》にいる他人に救急車を呼ぶように頼まずにはいられないだろう。さすがに、その時には高慢の鼻も折れるだろうさ。

学生　それは、まったくその通りでしょうね。

教師　そこに思いを致《いた》せば、さっきのような議論をする者はいないだろうよ。

だが親切の義務、あるいはその妥当性の根拠にはもっと別の側面もあると思う。ただし、それには微妙な問題がからんでいるので、扱うのは少々ためらわれるのだが……

学生　ぜひ、話題にしてください。

教師　それではやってみるが、これまた私の解釈がおおはばに入っていることを注意しておく。別の研究者だったら違うことを言うかもしれないということさ。

学生　わかりました。

## 自殺の禁止という義務、絶対的な価値としての意志の善

教師　カントは義務を、「他者に対する義務」と「自己に対する義務」とに分類している。以上で触れた「約束を守る」や「親切にする」は前者の例である。それに対して「自己幸福を或る程度確保する」というのは後者

の例だ。

学生　だが、カントが自己に対する絶対の義務として挙げる例は、「自殺をしない」、つまり自殺の禁止なのだ。

たしかに……そうでした。でもあれはおかしな議論で、なんでも、「自然」がわれわれに感情を具《そな》えつけたのは、本来は生きることを助長するためなのに、前途を悲観した場合には自殺してよいと考えるならば、「自然」の自己矛盾が生じるだろうというようなことが、理由として言われていましたね。

教師　『基礎づけ』でのカントの議論が、ときどき、「自然」が人間を産み出した際の「目的」に関する理論にもとづいていることは否定できないし、その場合、控《ひか》え目《め》に言っても簡単には納得しにくい議論になっているのは認めるべきだろう。

だが、この問題は今は措《お》くとして、むしろ私が注目したいのは、『基礎づけ』本文の冒頭のあの言明だ。

学生　どんなものでしたかしら……

教師　やれやれ、カントの言葉のうちで最も有名なものの一つだと教えたはずだがね。まあ、とにかく、読んでみよう。こう言われている。「われわれが無制限に善《ぜん》と認めうるものとしては、この世界のうちにも、また外にも、ただ善なる意志しか考えられない。」容易に察しがつくだろうが、この、いわゆる「善意志」とは、道徳的法則たる定言的命法に従っているような、すなわち、そこからは義務に従った行為が生じるような意志である。つまりは、道徳的な善の担《にな》い手《て》は根本的には「意志」あるのみだが、それは「無制限に善」だというのだ。

学生　なんだかカミがかった話ですが、われわれの生活にとってどういう意味があるのでしょうか。

教師　講読の折にも多少は説明した心算なのだがなあ……ともかく、「無制限」とは「無条件」（「絶対的」）と言い換えてもいい。なにかしらそれが善であることを制限するような条件がありえないということだ。

ところで、こういう場合にはその反対のケースを考えれば理解しやすい。すなわち、制限する条件があるような善とは何かを考えるのだ。

学生　何でしょうかね。

教師　君はお酒が好きなのだろう。

学生　この間のコンパで、御覧《ごらん》になったでしょう。言うまでもないですよ。

教師　だが参加した学生のうちには下戸《げこ》もいて、食べてばかりいただろう。

学生　そうですね。参加費は同じなんだから、せめて食べて元を取らなくてはとか言って……彼らが気の毒になることもあります。酒が飲めなくては人生の楽しみの大きな部分が欠落しているようなものですから。

教師　だからといって無理強《むりじ》いはいかん。アルハラはご法度《はっと》だ。未成年に酒を勧《すす》めるのは論外だ！

まあとにかく、これでわかるだろうが、いろいろな飲食が楽しいかどうかには、ひとによってバラつきがある。およそ自己幸福の内容をなす快楽（その質や量）は、おおげさに言えば人ごとに、その人の体質とか気質――その背後には遺伝や生育環境の影響があるだろうが――といった経験的な条件によって、それどころか同一人《どういつにん》でもその時々の心身のコンディションやその他の事情によって、変動してしまう偶然的なものなのだ。

学生　すると、どうなるのでしょうか。

教師　君、君、少しは頭を使ってごらん。われわれは各自、自己幸福についての構想を形成して生きなければならない。その内容をなす言わば素材である快楽がこうした偶然的なものであるとしたら、それから構想された各人の自己幸福はどういう性格のものになるでしょうか、考えてください！

学生　それは……そうですね……、人ごとに内容が違って、あるひとの「幸福」が他のひと、いわんやすべてのひとに妥当するなんて保証はまったくないでしょうね。

教師　その通り。そこで、だな。古来「最高善」の最有力候補とされてきたのが「幸福」だが、これは所詮制限された・条件つきの善だということになる。ここまでは、一応わかったかね。

学生　一応、わかったとしましょう。それでも、自分の幸福は私にとってはとても大切ですけどね。

教師　それは人間の自然本性からして当然だと、何度も言ったろうが。ともあれ、自己幸福は所詮制限された善でしかないのであり、それを制限し条件づける道徳的な善こそが「無制限・無条件の善」なのだ。とはいえ、それはけっして天空の彼方《かなた》なんかにあるものではなく、われわれが日々の暮らしのなかで行為することで実現すべき無限の課題なのだ。私が思うに、これが自殺の禁止の理由、少なくとも一つの、そして重大な理由なのだろう。

学生　言われていることが、ピンとこないんですが……

教師　われわれのそれぞれは、無上最高の善――これをカントは「絶対的な価値」と言う――を可能性としてではあれ、自己のうちに宿すもの――すなわち「人格《じんかく》」――なのだ。そうした価値を自分勝手な都合で破壊すること——その実現の可能性を破棄すること——は許されないだろう、と言いたいのだ。自分の「人格」としての存在をまるで自分一存で処分可能な物——これは「物件《ぶっけん》」と称される——のように扱うことは根本的な道徳的誤謬《ごびゅう》である、と言いたいのだ。

**学生**　なるほど、そういうことですか……

**教師**　私が思うには、ここからまた、われわれが相互に「親切」にする義務の妥当性も理解できるだろう。

**学生**　それって、もしかして、相互に「絶対的な価値」を宿しうるものとして最大限に尊重し合わなければならない、というようなことなんでしょうか。

**教師**　ご名答だよ。やっと少し頭が働いてきたね*1。

**学生**　いやあ、哲学するのもシンドイものですね。

**教師**　でも比類《ひるい》なく楽しませてくれるんだよ、これが。だからこそ、飛んで火に入る夏の虫みたいに、私を惹《ひ》きつけてやまないのさ。

*1　こうした他者の幸福に関する義務の考え方は、人類全体の最大幸福の実現を可能にしうるものであることに注意すべきだろう。この点に、「最大多数の最大幸福」しか問題にしない功利主義と比較した場合、カントの幸福論の特徴を見ることもできよう。——なお、「人格」の「絶対的な価値」こそはその「尊厳」と称されるものなのだが、その根拠は、「人格」の道徳性の根拠でもある「自律」（「自己立法」）の「自由」にある。この件については、本文で先に言及した拙稿「自由という難問」を参照されたい。

# 最高善と実践的な理性信仰

学生　ところで「最高善」という言葉が出ましたけれど、それについてのカントの見解にも先生は講読の折に少しだけ触れましたよね。でも、あんまり多くを語られなかったと思うんですが、どうしてなのですか。

教師　はは、たしかにね。外面的な理由としては、実は「最高善」に関する議論は『基礎づけ』にはなくて、『純粋理性批判』・『実践理性批判』・『判断力批判』というカントの三主著のうちに――だから三通りのヴァージョンが――あるのさ。でももっと根本的な理由としては、扱いがすごく難しいということなんだ、少なくとも私にとってはね。

学生　でも「最高善」は「道徳性」（「道徳的な善」）と「幸福」という異質な二要素の連関からなるというのがカントの見解なのでしょう。それなら、今日の話題として適当じゃないですか。ぜひともお願いします。

教師　ううーん、これまで私が語ったことは、おおはばに私の解釈が入っているのだが、実は「最高善」については、私の解釈というようなものが確定していないんだ。それこそ、腰の引けた物言いしかできそうにないんだが……

学生　いいじゃないですか。後になって先生が何を言われるかにも興味がありますから、とりあえず少しだけでも、お願いします。

教師　仕方がないな。後悔することになっても、知らないからね。
先に述べてきたことからも察しがつくだろうが、道徳性はその主体としてのわれわれ、すなわち「理性的存在者」と密接な関係にある。われわれの「理性」——正確には「純粋実践理性」——こそは、道徳的法則としての定言的命法を自己自身に与える、すなわち立法する働きなのだ。——こうしたことも、以前に一応は説明したろうが（前述の拙稿「自由という難問」を参照）。

学生　たしかに、一応説明していただきましたが、なんだか実感がわかなくて……

教師　ま、とにかく、われわれの存在の核心は「理性」なのだが、それは労せずして与えられているようなものではなくて、時々刻々行為して生きるうちで、自己によって実現されるべきことであり、それが取りも直さず道徳的に善い自己の実現にもなるはずなんだ。

学生　もっと端的《たんてき》に言えば、そういう道徳的な課題を果たすことが、われわれにこの世で与えられた「使命」だと、カントは考えている。

学生　あのう、この世での「使命」とか言われると、いったい誰が授《さず》けたのかな、なんて疑問がわくんですが。

教師　ふうー、よかろう。あっさり言えば創造者としての「神」だし、この「使命」を負ったわれわれの存在、つまり「人格」はこの世（現世《げんせ》）を超えた不滅のものだ（「霊魂《れいこん》の不死」）、という主張をカントはしている。これが「道徳神学」と呼ばれる見解だ。

学生　……でも、それは、宗教――キリスト教ですか、どういう宗派なのか知らないけれど――の教義だか信仰だかの押しつけじゃないんですか。

教師　やれやれ、なんと答えたものやら。少し性急すぎたかなあ……

違う角度から、試みてみよう。われわれは自己幸福の内容をなすようなさまざまな快楽、それを生じさせる行為への欲望によって衝《つ》き動《うご》かされて生きている。実感がわくかね。

学生　はい。

教師　にもかかわらず、そうした快楽への衝き動かし――これを「自然衝動《しぜんしょうどう》」と呼ぶ――は、われわれの存在を完全に支配することはできず、むしろ道徳的な善への志向がそれを制限し条件づける。そしてこの道徳的な善、その根拠たる道徳的法則、それを自己立法する「理性」こそが、われわれの存在の核心なのだ。

学生　まあ、なんとかついては行けますけど。

教師　それは「絶対性」をもつ。そこにこそ、われわれは「絶対的なもの」へと近づく唯一の通路をもつ。

学生　その「絶対性」とか「絶対的なもの」が「神」だというのですか。

教師　その通りだ。ただし、これは強調しておかねばならないが、道徳的法則は「神」の命令だから妥当するのではなく、あくまでその妥当の絶対性こそが「神」への通路を開くのである。この関係は逆転できない。ともあれ、そうした「神」こそが「完全な正義」をもってこの世界を支配する者だというのだ。

学生　「完全な正義」!?――何ですか、それは。

教師　相応《ふさわ》しい者に相応しいものが与えられるような完全な秩序だよ。具体的には、われわれが無限の努力のうちで達成する道徳的な善によって、われわれはそれに釣合《つりあ》った幸福に値《あたい》するようになる、と言うのだ。たしかに、われわれが現に生きているこの世界においてはそうした幸福はたいていは実現していないだろうけれども、全知全能の神が創造し支配する世界全体――われわれにとっては「来世《らいせ》」ということになる――においては、それが実現すると希望をもつことが正当化されるというのだ。

学生　わかりました！　そういう主張をカントがしたということは。――でもそれは、哲学的に正当化だか、根拠づけだかされうる主張、つまり「知」なんですか。

教師　いや、カント自身それを「純粋で実践的な理性信仰」と呼んでいる。

学生　……正直言って、私にはとてもそうした「信仰」はもてそうにもないんですが。いったいどうしたらいいんですか。

教師　それに対してどう言ったものか、私は長く思案しているが、確《かく》たる答えは出ていない、というのが現状なんだよ。がっかりしたかね。言わんこっちゃない。

学生　…………

教師　……仕方がない。もう少しだけ試みてみよう。

学生　お願いします。

教師　「如何《いか》なるかこれ父母《ぶも》未生《みしょう》以前《いぜん》の面目《めんもく》」！

学生　何ですか、それは。

教師　仏教の禅で公案《こうあん》と言われるものの一つのようだが、私は詳しくは知らない。ただ執拗《しつよう》に念頭に浮かんでくる言葉ではある。「私の両親がこの世に生まれてくる以前に、私はどうしていたのか」と問うことを強《し》いられるような気がするんだ。君なら、どう答えるね。

学生　そんな、……何と答えていいやら……

教師　私も同じだよ。これが暴露しているのは、自己の冥《くら》さと言うか、根源的な無知、仏教用語では「無明《むみよう》」だろうよ。われわれは、自己の存在の由来《ゆらい》と帰趨《きすう》について根源的に知らないのだ。科学的な知識がどんなに進歩しようが、この無知はなくならないだろう。

学生　だからって、「理性信仰」だかに縋《すが》れというのですか。飛躍がありませんか。

教師　飛躍のない信仰はないと思う。そしてわれわれの日常普通の生き方、道徳的になにほどか善かったり悪かったりの間を右往左往する生き方のうちに、その飛躍への促《うなが》しがひそんでいるとカントは教えていると思う。そして別にカントが言ったからというのではなく、この世で長く暮らしていると、なるほどそういうこともあるか、という気がすることも、結構あるのさ。

学生　ううん、……少しはわかるような気もしますが……

教師　……あっ、そうだ。もう少しだけ言えることがあった。カントは道徳的法則を羅針盤《コンパス》に喩《たと》えている。つまり、コンパスの針は常に北を指すが、船の置かれたその都度の場所で指す方向は当然異なる。同様に、われわれ各自は、たしかに道徳的善への無謬《むびゅう》の指針を具えてはいるが、生きていくその都度の状況で何を行なうべきかは異なるだろう。思慮を尽くしてそれを選び取り行なうことこそが、われわれの道徳的な使命なのだろう。それを果たそうと力の限りを尽くして生きる者には、その使命を与えた者の在り様《あよう》がなにほどか感得《かんとく》されるのかもしれない……

学生 ……わかりました。……先生のお言葉、胸に刻んで、これからの人生のうちでときどき考える手がかりにさせていただきましょう。

教師 そう言ってくれると、少しは救われるね。ああ、喉が渇いた。どうだね、少し麦酒《ビール》でも飲みに行かないかね。

学生 ありがとうございます。お伴します。きっと美味《おい》しいでしょうね。

［付記］本対話篇で言及されたカントの著作は、二〇〇六年に完結した岩波書店版『カント全集』において翻訳が存在します。その他のさまざまな翻訳に関しても、同全集の解説等に記載されていますので、関心のある方はご参照ください。

本対話篇の内容は、筆者の解釈に基づくところが多いですが、その周到な展開と擁護は他日の課題とさせていただきます。とりあえず、この書き物が、読者がカントの道徳哲学に親しみ、また根本的に道徳的な存在であるわれわれ人間にとって真の幸福とはどのようなものかについて考える、一つのよすがともなれば望外の幸せです。

# 4

# フィクションの楽しさを例に「楽しむ」ことを考える

松永澄夫

# 勝手に湧いてくる感情を望んで引き寄せること

（1）「楽しい」と「楽しむ」

「楽しい」というのは、「悲しい」「嬉しい」「淋しい」などと並んで、人の或《あ》るときの状態を示すときの言葉だ。これらの言葉を名詞化すると、「楽しさ」「悲しさ」等となり、感情の名となる。つまりは、私たちは人の或るときの状態を感情として捉えることがあるということだ。これはもちろん、人の或るときの状態を「疲れている」「病気だ」「走っている」などと捉えることと両立する。すると、感情は特に、人のさまざまな状態のうちの人の心の状態を言う、と考えるのが通り相場になる。（「心」という概念を、或る「個人」という概念、その人の「体」という概念等との関係でどう位置づけるべきか、また、何かをしていることと感情との関係をどう考えるか、という問題があるが、今は措《お》く。）そうして、感情というものは否応なしに生じてしまうもの、勝手に生まれてくるのだ、というのも普通の考えである。

ところが、「楽しむ」と言うときはどうか。これは動詞であり、しかも積極的に為《な》している事柄だ、というニュアンスをもっている。積極的ということは、「流れている」というような動きとは違った、恰《あたか》も行動の一種を指すかのごとき趣《おもむき》さえあるということだ。だが、行動の典型は選んで為すものであり、だから、勝手に生じる感情の有り方とは対極にあるものに思える。「楽しい」と「楽しむ」の一音、一字の違いで、言葉の中心的内容である「楽」「楽しさ」ということは動かないのに、その有りようというか雰囲気とでも言うべきものかが大きく違ってくる。

このような違いの正体は何か。「楽しむ」のには相手があるということに秘密があるのだろうか。つまり、楽しむとは何かを楽しむことで、その何かとの向き合い方を積極的に選ぶということを、この言葉は言おうとしているのだ、と。実際、「楽しむ」という言葉は、文法用語を借用すれば動詞の中でも「他動詞」であって、何か相手がある事柄を示しているではないか。

では、だとすれば、相手とは何か。何か楽しい事柄だろう。楽しい事柄があるから楽しい、楽しい気持が勝手に（選ぶことなく）湧いてくる。そこで、楽しさが生じるそのことは行動の事柄ではないが、楽しめる相手があるのなら、それを相手にする（相手にするべく行動する）ことで積極的に楽しむ、というのもありそうなことではないか。

けれども、これは示唆ないし疑問のままにして、本来は楽しくないこと、辛いことや不愉快なことを「いっそ楽しむことにした」という場合について考えてみよう。このような場合の叙述は、文学作品、伝記、生き方助言のマニュアル本などで多くみられる。これはどういうことだろうか。

辛いこと、不愉快なことが、楽しいことに変わることもあるということなのか。いや、ほとんどの場合、辛いこと、不愉快なことはそのままだが、それらの中に「何か楽しいことも見つける」ということのように思える。そして、そのものの楽しさが大きくなって全体としても楽しいと言えれば首尾良いということだろう。

では、「見つける」とはどういうことか。これから探すということが前提になっている。つまり、未来に対する心構えに中心がある。そこで翻ってもう一度、楽しいことを楽しむという場合を考えるに、これも、どちらかと言うと、やってくるはずの楽しいことを楽しむのだという、未来に向けた心構えや意欲の場合が多いのかも知れない。旅行を楽しんでくるぞ、とか。「楽しみにしている」というのも未来を展望してのことだ。そして、未来の自分をどうしよう、という選びがあるから、「積極的」と言える側面もあるのだろう。

だが、楽しさが実際にやって来ないなら、どうしようもないのではないか。楽しむはずだったのに散々だとか、楽しもうとしたのに楽しめないとかいうこともある。そして、旅の最中に実際に楽しいときに目を向ければ、それは、楽しむと言おうがその意味は「単純に楽しい」「楽しい気持がやってきた」というのでしかない。生まれるままに味わう楽しさを確認しているだけで、楽しいというのが楽しむことに先立っているということは動かないと思われる。過去を振り返る場合も同じだろう。

――では、「楽しむ」という積極的な事柄と思えるものの意義は全くないのか。いや、ある。楽しいときに楽しむというのは、楽しいことを自覚し味わいを深くするというか、記憶に留めるような仕方で楽しむというかするのである。それから、未来を展望して或ることを「楽しもう」とする、ないし「楽しみにする」ときには、「楽しい」ことが生じることの予想ができそうで、実際に生じるならその贈り物を受け取る準備ができた状態でいようとすることとして意義がある。それに、楽しいという贈り物は、楽しめる人、いわばその贈り物を受け取る資格がある人だけにのみ舞い降りるのではないか。更に、未来の事柄を楽しみにしているそのことが、現在、楽しいという側面も重要だろう。

## （2）本稿の主題

とはいえ現実問題として、私たちは自分には楽しいと分かっている事柄を引き寄せるという傾向がある。思いがけない贈り物としてではなく、当然の事柄としての楽しさを手に入れる工夫をするのである。（楽しみにしていた旅行が実際は散々だという例を挙げはしたが、裏切られない場合の方が多いのではないか。）このような側面がある限りでは「楽しむ」ということは、楽しいことが生じる状況をつくり出すという意味での積極的内容をもつ。

では、どういう状況をつくり出そうとするのか。すでに楽しいと経験したこと、してきたことをまた経験できる状況を、というのが一番多いに違いない。最初に楽しいと感じたのは贈り物のようにであったかも知れないが、そのときと同じような経験を再び味わえるようにと工夫するのは、事情が叶えば尤《もっと》もなことである。そこで、釣りが楽しかった人が釣りにゆく機会を増やし、二度目も楽しかったならもう一度望む、というようなことがあるだろう。特定の趣味や好きな仕事が人の生活の柱の一つになるのも、このような事情ゆえだ。ただし、どういうことを楽しいこととして経験しているのかは、人によって千差万別である。

しかるに、このようにして求める楽しさの場合には、或る欲求が先行し、欲求を満足させると楽しいのだ、とも言える。ただ、するとどのような欲求がどういうわけで生まれるのか、ということ（問い）に目を向けなければならない。他方で、欲求の満足にこそ楽しさの在処《ありか》をみるのは極めて狭い考えだということにも注意しなければならない。欲求が先行するわけではないところで生まれる楽しさの経験こそ断然多いのだから。（そして、楽しさの経験が或る欲求を生まれさせるということは、最初の問いに対する答の一つともなる。一つでしかないが。）

そこで、どういう場合に人は楽しさを味わえるのか、ということを、欲求の概念に重きをおくことなく、考えてみたい。実際、人が何に楽しさを見いだすのかは人により千差万別であるにしても、楽しいという感情が生まれる一般的な構造は幾つかあり、それらの構造が具体的にはどのような事柄において生まれるかだけが人によって違うのだ、ということはあると思われる。それらの構造の幾つかについて、それがどのようなものか、私たちは誰でも、経験を通じてかなりの程度分かっている。（マラソンのように、自分のこととしては想像するだに辛いもので真っ平だと思っている人も、マラソンが楽しい人の有りようが想像できないわけではないし、また、もしかして自分も挑戦してみたら案外と楽しいのかも知れないとさえ思うこともあるが、こう思えるのも、何かが楽しいのはどういう場合かの一つの場合を漠然と知っているからだろう。また人は、思いがけない楽しさを知って、これはどういうことだろうと自省してみて、なるほどと思うことがあるが、これが構造の分かりを更に先に進める。）

そこで本稿は、人に楽しさが生じる場合の幾つかの要素をピックアップしたい。小論なので、ほとんど誰もが楽しいと認めるような事例を材料にする。選んだのは、フィクション世界に遊ぶ楽しさである。

# フィクション世界に遊ぶ

（1）振りをする遊び──現実ではない気楽さと相手の存在

人はすでに幼少の頃からフィクションに馴染み、それを楽しむ。父親が三歳の娘が投げたボールをわざと受け損なって胸にボールが当たるようにし、「痛い、痛い、＊＊ちゃんのボールは強すぎる、凄いなあ」と顔を顰《しか》めて、胸に手を当てる。初めてのとき、娘は済まなさそうに見て心配するが、すぐに嘘だと分かる。そして、このようなシーンがお決まりになると、これは父親の「痛い振り」だと承知し、大喜びする。そして自分も痛がる振りをする側に回ったりする。（「喜び」と「楽しさ」とは同じだというのではないが、ここではその違いに拘《こだわ》る必要はないだろう。両者の位置関係についての考察も省く。）

「痛い振り」とは実際には痛くないのだから、フィクションとしての痛さを呼び出すことだ。そして、本当に痛いのは、父親にしても娘にしても望むことではないが、フィクション上の痛さは文字通り痛くも痒くもない。それどころか面白くてしょうがない。怖くないのに怖い振りをする、悲しいことなど何もないのに悲しいときのように泣く振りをする、というような場合も同様だ。

「あって欲しくない現実の振り」は、それは現実ではないという安心感に支えられて、振りと現実との落差の意識が面白いのだろうか。逆の場合、「あって欲しい現実の振り」をすることも私たちにはある。悲しいときに楽しい振りをするように。しかし、そのときは努めてそうするのであって、その振りを面白がる余裕などない。また、何かに落胆しているのにその何かを喜ぶ振りなどは、自分の有りようを見ている相手がいるゆえにそうする方がいい、というような場合でもなければ、滅多にしないものだ。(もちろん、ものは考えよう、と言って、気持を切り替え、この落胆しておかしくない事態を自分にチャンスを与えてくれる機会として喜ぼう、というようなことはある。)

以上のことが示すのは、私たちが何かの振りをすることを楽しむときには、その楽しさが生まれるのを邪魔するものがなく余裕があることが必要だ、ということであって、それ以上ではない気がする。しかし、気楽さが重要だということは押さえるべきだろう。(『小公女』のセーラに典型がみられるように、不幸な境遇にあって、想像の世界の中に楽しいことを求めるということはある。しかし、これも辛い仕事から解放された束の間の時間においてでしかあるまい。なお、免許を取ったばかりの娘の帰宅が余りに遅く、事故など最悪の事態をどうしても——制禦できずに——想像してしまう場合のように、想像は場合によっては人を不安にさせたり苦しめたりする。だが、人は気儘《きまま》に、そして夢を描くような仕方で積極的に楽しい内容の想像をすることができ、そこに楽しみを見いだす、あるいは慰めを求めることもできる存在なのである。)

また、「振り」というフィクションの楽しみが生まれるのに欠けてならないのは、少なくともそのような楽しみを知るようになる最初の段階では、観客の存在だと思われる。(因《ちな》みに演劇では、その発生には宗教的、政治的動機があったかも知れないが、それが祝祭的なもの、そして楽しいものへと進むのは、観客の存在あってのことだったに違いない。)振りをする側は、自分も楽しいが、観客を喜ばせることができたということが楽しいし、そのことが楽しさを増幅させる。そして、もし観客もまた振りをする側に回り、しかも同じような振りをするのではなく、最初の振りに応答する内容の振りをすると、もっと楽しくなる。リレーしてゆく振りの連鎖が一つのフィクション世界をつくりあげ、それを協働で膨らまし、豊かにしてゆき、居合わせる人々がその世界の住人として仲間になれるからである。一般に、楽しさは同じものを一緒に楽しむ人がいることで増す。

（2）「ごっこ」の世界――役割とストーリー、ルールとルールを越えてゆくこと

しかるに、二人以上の人が楽しんで為す「振り」の代表として、「ごっこ遊び」がある。（ごっこ遊びを覚えると、独りでするごっこ遊びも生まれはするが、すぐにつまらなくなる可能性が高い。）人が始まりと終わりとを明確に意識して「ごっこ」をするとき、その時間は切れ目なく流れる生活の時間の中で一つの区切りを与えられた「遊びの時間」となる。（遊びの時間とは楽しい時間であるというのは当然と思われているが、このことにはどういう含みがあるのかについての考察は割愛する。）そして、ごっこ遊びで重要なのは、参加する人々の間での、その時間限りの役割の分担があること、それから、遊びの進展とは或るストーリーを紡ぐことになっているということの二つである。（役割が幾つあってもかまわない。他方、ごっこ遊びを簡単に始められるのは二人でやる場合で、すると、一人で何役もやればいい。）昔の子どもの電車

ごっこでは、運転手と車掌、乗客の役割があって、乗車、電車の出発、進行、停止、降車、時に切符切り等の流れがあった。飯事《ままごと》やお店ごっこでも、役割の割り当てと話の流れとが不可欠である。そもそも役割を言うことはストーリーの展開を予告することである。

　ところで、役割を引き受けるということは、役割が要求するルールに従うということである。運転手（の振りをした子ども）は電車を走らせたり停めたり（する振りを）しなければならないし、お客は店での買い物でお金を払わなければならない。役割とルールはセットになっている。

　けれども、現実の本物の運転手、お客と違って、ごっこ世界での運転手、乗客は、現実世界の秩序維持に不可欠なルールを易々《やすやす》と越えてしまうこともある。「この電車は突然、超特急になりました、終点まで停まりません」と平然と言ってかまわないし、「そんな、困る」と言う相手に、今度は「行き先変更、終点は宇宙の果て、そこで降りてください、帰り電車には乗せません」と宣言できる。しかるに、すると乗客は咄嗟《とっさ》に、「実はぼくは宇宙強盗で、電車を乗っ取るのだ、君は今から捕虜になった」と仕返しし、高笑いしてもいい。そして、このような自分自身にとっても思いがけないかも知れない展開が双方にとって面白くてしょうがない、というのが、フィクション世界の良いところだ。もちろん、時に喧嘩になったりするけれども。（喧嘩となれば、いつの間にか「ごっこ」というフィクションの世界から忽《たちま》ち現実の世界に戻っている。）

（3）気紛れと建設――自由と創造

右記の例では、電車運行の通常のルールを運転手は（役割は変えないまま）無視するに至ったが、乗客の方は、運転手の行動に対抗するために役割までも変更している。しかし、無視や変更が生じたからといって、二人がいることで成立している遊びは、喧嘩などの状況が生じない限りは壊れるわけではない。気紛れが許され、自在に形を変えながらもつくられてゆくフィクションの世界がある。この自在さに楽しさがあり、思いがけなさにも面白さがある。（ルールを無視したり役割を変更したりする当人にとっても思いがけない、ということに注意しよう。）そして、思いがけない事態を呑み込んで自分たちでつくってゆくという、大袈裟に言えば創造の喜びもある。

ところで、運転手に車掌、多数の乗客で始める電車ごっこもあるだろう。ごっこ世界のメンバーが多数になるとどのようなことが生じるか。乗客の一人が実は強盗だと言い出すと、別の乗客が、私は保安官なのよと役割変更を言い出すかも知れない。しかし、このようなことが相次ぐと、つまり皆が皆、気紛れで動いてゆくと収拾がつかなくなることもあり、遊びは崩壊してしまう。崩壊させないためにはどうするか。ここに、ごっこ世界でのルールづくりが始まる。多くのごっこ遊びは、遊びが見立てている現実世界（本物の電車運行、食事の支度と食事、品物やサービスの売り買いなど）で通用しているルールを持ち込むことから始まるが、そのルールとは違う、そのごっこ世界でのみ通用する独自ルールの導入が課題となる。そして、ルールは一つや二つでは済まないのが普通である。

課題と言うのは、この導入は参加者各自が気紛れに自在にやるわけにはゆかないからである。全員の合意が要る。（ないし、引っ込み思案の参加者にみられるように、積極的合意に加わらない容認——徐々にルールの内容を学ぶ場合も含めた容認——ということもある。）しかるに合意に向けた諸々のルールを導入することは、建設という性格をもつ。一つのフィクションの世界を骨組みが明確なものとして建設するのである。

さて、気紛れの自在さは自由の一つの形だが、創造的建設には、思慮を要する選択を含む自由の形がある。他方、建設は骨折りを要求する場合がほとんどである。しかるに、自ら引き受ける労苦は歓迎せざるものではなく、労苦が実現してゆくものの価値を認めることとともに喜びを生じさせる。そして実現してゆくのは自分の外の何かだけではない。自己自身の実現、あるいは少なくとも自己表現の実現でもあるのである。更に、ここにも仲間と協力して実現してゆくという楽しさの要素もある。

## 物象世界とフィクション・想像と意味付与

（1）葉っぱのお皿・食べ物――何かを何かに見立てること

電車ごっこのとき、電車の内側と外とを区別し電車の形を示すために紐を用いるのが普通だ。その紐は現実世界の中の物体で、剪定《せんてい》した枝を縛るために使うなど、現実世界で活躍するものである。父親が痛い振りをする切っ掛けとなったのもボールという現実世界に属する物象である。(これを言うなら、振りをする人、ごっこ遊びをする人が、ほとんどの時間をフィクションではない現実世界で過ごす住人である。——ただし、この現実世界は物的なもの、物象だけでできているのではない。人間関係、文化、制度などを想い浮かべれば分かるように、さまざまな意味に満たされた世界でもある。人間は体として物的環境を生きるだけでなく意味世界をも生き、そこにさまざまな価値を認めるのである。尤も、そうすると、本稿で論じているフィクションの世界も結局は現実世界にその一部として呑み込まれてしまうのではある。とはいえ、狭い意味でのフィクション世界は、強固な秩序をもつものとしての現実世界を構築するものではない。——そしてフィクションに関わる振りや遊びをすること自体も現実世界での出来事で、だから、こんな場所で電話ごっこをして、仕事の邪魔だ、と言われるようなこともある。)

さて、紐もボールも人工物であるが、以下ではまず、子どもが飯事で、自然物を何かに見立てて遊ぶ場合のことを考える。(実のところ、人工物に囲まれて暮らしている現代先進国の子どもが物的環境の中から自然のものと人工物とを区別することなどはないかも知れないので、その点ではこのような考察上の配慮は必要ない。薔薇《ばら》の花でさえ、人々が品種改良してきたものを、家人が庭にわざわざ植え、世話して育てたものであり、自然のものと言うべきか人工物と言うべきか。けれども、何を何に見立てるか、ということの有りようを考えるに、人工物と自然の中で見つかるものとの違いにも注意を払うのには意義がある。）

飯事をしようと周りを見回して材料を探す場合もあれば、逆方向で、イヌタデの赤い実を見て、そうだ、これを赤飯にしてお客様を呼ぶ遊びをしようと思いつく女の子もいるだろう。では、お皿は？　堅さがあってしっかりした木の葉だとぴったりだ、平べったい石でもいいか、いや、石は俎板《まないた》にしよう、となる。オオバコの葉だとどうだろう。お皿に見立てて用いるかと思えば、刻んで食事の菜として、皿に盛るものとして使うかも知れない。そうして、お店ごっこや電車ごっこでは、葉っぱにはお金や切符の役割を与えるかも知れない。ごっこ遊びをする人に役割を振るのと同じく、周りにある物象のあれこれにも役割を与えるというのは当然のこととなる。

以上の事柄には、何かをそれとは別の何かに見立てるときの自然さ、適合性とはどういうものか、という問題が潜んでいる。しかも、この問題は、ごっこ遊び中途での気紛れの介入の場合に似て、意外性の面白さも含めて考えなければならない。柏の葉を頭に載せて、カッパになったつもりの子に、その葉を水皿に見立てるのは無理筋だと言うのは野暮というものだ。蓮の葉や、せめて里芋の葉の方が水皿には相応しいのは確かだろうけれども。

実は何かAを何かBの代わりに、というときの適合性というのは、Bをフィクション上の事柄として登場させるときとは限らない。タラヨウの葉をノートにして学校ごっこをしましょうというとき、必ずしも、葉はノートなんかではないのにノートということにしよう、となるしかないわけではない。タラヨウの葉を尖った小枝で引っ掻けば字が書けるわけで、小枝は現実の立派な筆記具、葉はメモ用具として機能する。また、飯事でおもちゃの包丁でスベリヒユを刻んで副菜とすることと現実にスベリヒユを食卓に上《のぼ》せることとの間の差異は、スベリヒユを実際に口に入れて飲み込む、野草として食するかどうかの違いでしかない。

見立てというのは想像の事柄であり、さまざまな想像の中で、意味付与を伴う想像である。Aを契機にB、あるいはCを想像し、そのAはBを意味するものとして扱う、これが基本である。(想像の働き全般は私たちの現実生活の隅々まで及んでいる。なお、想像の働きがフィクション世界の創造として機能するときは必ずここで言う意味付与的な想像が働いているとも限らない。）しかるに、Ａからどのようなもの（ＢやＣ）へと向かうのか、その向い方を決めるのは、もちろん想像する側の人である。どのような人で、その時点でどのような状況にいるのかにかかっている。そして「どのような人」というのは、これまでどのような経験をしてきたかによって形成されてきたものであり、その経験のうちにＡないしＡのようなものとどうつきあってきたかということが含まれる場合もある。状況の方はそのときの関心その他、これまた多様である。こうして、多様過ぎで、論じ始めると膨大な紙面を要する。

そこで、こちらの側、想像する人の側のことは本稿では考察しない。取り上げたいのは、これまでの考察の流れを引き継ぐことでもあるが、Ａの性格の方である。つまり、飯事でイヌタデの実（Ａ）から赤飯を想像し、そこでその想像のもと実を食べ物に見立て、皿によそい、それを食べる振りをするということはあっても、実を皿として用いることはしない、その一方で、オオバコの葉の方は皿としても食材としても、そのときの気分、あるいは他の飯事材料との関係で違ったふうに使う、このような違いについて少し考えてみたい。そうしてこの考察を、フィクションという性格を前面に出す場合の想像の有りようと、そのときに生まれる楽しさの形のあれこれの追究につなげよう。

（Aとしては何も物体――物体様のもの――だけが役割を果たすわけではない。たとえば或る場所の雰囲気が妖精の国を想像させ、ここで妖精ごっこをしましょうというようなこともある。或るときの空、炎などもさまざまなものを想わせるだろう。また、Bの方は、想像する人が現実に世界のメンバーとして経験したことがあるものだとか、そもそも現実に存在するものでなければならないとかの制約があるわけではない。だから「振り」をするというのは、オリジナルがあることを前提していて、それの「真似をする」ということを含んでいそうだが、そうとも限らない。話でしか知らず、挿絵のようなものも見たことがなくても、妖精や幽霊を想像し、それらの振りをすることはできる。花を髪に飾ったり、白い布を被ったり等の思いつきもする。

因《ちな》みに、博物館で売っている恐竜のミニチュアがある。本物の三〇〇分の七の大きさにした正確な縮尺のもの、という触れ込みだが、実は製作者も、製作者に情報を提供した生物学者も、誰も本物を見たことがない。発掘した骨の長さを測ることができたとしても、肉がついたときの大きさが正確に分かるはずもない。皮膚の色や模様に至っては想像する他にどうすればよいというのか。それでも、雑に造られて土産屋で売られているミニチュアとは違ってリアル感があって、本物の恐竜を想像しやすくする品物であるのは間違いない。けれども反面、粗雑なミニチュアの方が、細部のいい加減さゆえに、それを補うべく人の想像を逞《たくま》しくさせる作用をもつかも知れない。ついでに言えば、恐竜の学者なら、「復元」と称して骨から実際の恐竜の姿を想い浮かべようと懸命になるのだが、その道を辿るのは素人には難しい。しかし、また、本当に「復元」と称してよいのだろうか、という疑問は決して消えないことも言う必要がある。——この話題は「振り」や「見立て」という特殊な想像についてのものではないが、記しておく。)

（2）ミニカーと積み木——想像を誘うための人工物・飽きることとの二つの場合

ここで、自然物を何かに見立てるという話題から転じて、子どもが楽しむための用具として製作された人工物である玩具をみてみよう。最初に取り上げるのは二つである。一つは、子どものおもちゃの定番であるミニカー、もう一つは積み木。

ミニカーは本物の車を運転できない子どもが車を走らせる遊びをする、そういう用途を念頭に人工物として製作されたものである。本節の主題である想像の働きとの関係で言えば、用途を言うとは想像の働きを或る特定の方向へと誘導することである*1。しかるにミニカーには、乗用車、トラック、消防車等、多くの種類がある。これはどういうことか。多くの種類があることは、ミニカーが人の想像を呼び起こすときの狭さを示している。トラックのミニカーを手にとった子どもが救急車の運転手のつもりになることは難しい。もちろん、トラックのミニカーで救急車やパトカーを走らせるつもりになる子どももいる。沢山の種類のミニカーを買ってもらえないけれど（あるいはパトカーのミニカーを失《な》くしてしまったが）、パトカーに愛着がある子どもの場合などである。それでも一般的に言えば、トラックのミニカーは人に本物のトラックだけを想像させる力がとても強く、他の想像を締め出しがちである。（反面、この点に寄り掛かって、ミニカーを、遊ぶ相手にするよりは、ただ飾っておく子どももいるかも知れない。）そこでミニカー遊びはマンネリになる。飽きられるかも知れない。

積み木の場合はどうか。セットによって数量だけでなく内容のバラエティも違

＊1　金槌を見れば釘を打つところを想像し、園芸店で水盤をみれば、それに水を張ったところに小鳥がやってきて水を飲んだり水浴びしたりするところを想像する、などである。私たちの生活にはさまざまな道具が溢れているが、道具を使うのは、その道具でできるさまざまなこと（用途）を想像しながら、なのである。更に言えば、道具を使う使わないに関係なく一般に人間の行動そのことが、行動がもたらすであろうことどもの前もっての想像に先立たれることが多いが、その想像はしばしば人工環境の中で人工物に動機づけられて始まる。

うが、立方体、直方体、平べったい三角柱、円柱、円錐等、そして、大きさ、辺等の長短比、着色の違いなどがある木片群によって構成されていて、それらをどのように組み合わせて積み上げてゆくのかは、積み木で遊ぶ子どもにまかせるものになっている。それで、建物（住むなどして現実に使える建物に見立てるもの）を立体的に造る子どもだけでなく、積まずに並べて、上から見たときに何かの絵として見えることに関心をもつ子どももいるだろう。あるいは、ただただどの高さまで（あるいは幾つの木片を）積み上げ得るかに熱中し、その積み上げてできたものを何に見立てるのかには関心をもたない子どももいるだろう。木片を単独で、あるいはその組み合わせで、何に見立てるか、その示唆する力は弱いからである。（積み木を重ねているうちに初めて、そうだ、この三角のものは屋根に使えるなと思いつく、そういうことも多い。）

この事情ゆえに、積み木は子どもの創造性を伸ばすとか主張する人々もいるが、現実には、想像を促す力を当てにできないために子どもが積み木遊びに飽きてしまうことも生じる。楽しさとの関係で言えば、創造的であり得れば、そこに工夫する楽しさが生まれるが、他方、飽きるとは、多様性ないし新しさという要素が少なくなってきて、楽しさが薄れるということである。なお、ミニカーでは、その走り、そしてスピード、距離等の、動きという要素があって、これらの要素から生まれる楽しさというものがあり、そこに（一つの車種しか想像させない懼《おそ》れという狭さ、これを補う別の方面の）多様性や新しさという要素が枯渇しにくい、という利点はある。

### （3）レゴ社の試行錯誤――楽しさの諸要素の確認

ミニカーと積み木についての以上の考察を踏まえ、レゴという玩具を例に、想像世界――フィクション――構築の楽しさを成立させる要素を、あらためて確認しよう*2。ただし紙数に余裕がないので、纏《まと》めることはしない。読者には、これまでに触れてきたことと以下に述べることとを併せて、各自拾っていただければ幸いである。

レゴの基本は直方体だけ、積み木より単純である。しかし、八つのポッチと内側の三つのチューブがあるので、六個で驚くことに九億一五〇〇万通りの組み合わせがあるという（一〇）。レゴを開発したゴッドフレッドの元々の理念の一

*2　次の著作を材料にする。デビッド・C・ロバートソン『レゴはなぜ世界で愛され続けているのか』ビル・ブリーン／黒輪篤嗣訳、日本経済新聞出版社、2014年（原著、*BRIK BY BRICK*, 2013）。以下の引用文での数字は、この書の頁を表し、［　］内は引用者である筆者による。

つに、「シンプルで、丈夫で、多様性がある」ということがあった（三三）。そして、「いつまでも飽きがこない」というのも理念に挙げられていた。もちろん実際には、レゴタウン、レゴファミリーなどの展開が次々になされ、車、交通標識、家、お父さん、お母さんなどのフィギュア等、さまざまなピースがどんどん加わっている。（単純どころではなく、二〇〇四年には一万四二〇〇点以上、色もオリジナルの六色から五〇色以上に。ただし、この状況は利益を圧迫することになる。単純なものは大量生産でき、利益率もダントツに高い。特殊ピースはコスト高となり、それでいて遊びの中で使われる頻度は極めて少ない（一四五－一四七）。）とはいえ、レゴを使ったファンの作品例などの写真が何百万枚もファンサイトに掲載され、レゴ作品の動画もユーチューブだけで九〇万本以上だというのは驚きだ（一二、もちろん当著作の執筆時点での数字）。

しかし、製品が飽きられレゴ社の成長もストップするときはあったし（四四）、新しい企画を試みても倒産の危機が訪れるほどの大失敗もあった。その中で成功した例を、本稿の目的に適う例として四つ挙げる。

一つは二大ヒット作、「お城シリーズ」と「宇宙シリーズ」。「テーマにもとづ

れる。人間的なものすべてに——思考、行動、創造、感情、社交、共同体、教育、宗教、文化、制度……などに——想像が関与している。

いたセット」というアイディアによるもので、「テーマが決まっているぶん、組み立てる創造性はいくらか減るが、子どもたちの遊びの充実感は増した（四九）」。テーマが子どもたちの想像の展開をサポートするということだろう。積み木の場合には、子どもたちの想像は直《じき》に枯渇してしまうのと比べればよい。また、ミニカーの場合と比べると遊び方の多様性がある。

二つ目、「バイオニクル」。この製品では、「子供たちを夢中にさせるストーリーが提供された（一九三）」。シリーズの名称そのものが、「バイオロジカル（生物）とクロニクル（物語）を合成した造語（一九五）」なのである。ストーリーの重要性については第2節「フィクション世界に遊ぶ」（2）【本書106頁】で指摘した通りである。

第三に、ボードゲームである「レゴゲーム」。これについては二点を指摘したい。第一点。第2節（3）【本書108頁】で述べた、創造的建設における自由と、価値を実現する骨折りの報われとの、両方から楽しさが生まれるという構造を確認できる。「遊ぶ前に、まずボードを組み立てなくてはならないところが、このボードゲームのミソだった。自分で組み立てることで、おのずとゲームに没頭し、

＊3　教育との関連で言えば、「振り」と類縁の「真似」というものが、学習の一つという意味づけをもつこともある。幼児や児童には、周囲の人々の真似をすることで発達する部分がある。大人でも、仕事で先輩の真似をしながら技術を習得することは多い。しかし、「振り」や「ごっこ」には「何かの真似をする」ことが含まれているかも知れないが、それは学習のように限定した意義をもつのではない。フィクション世界を開くその根底にある想像というものを大いにはばたかせる、このことにこそ大いなる意義があるのである。そして、想像こそ人間の最高の能力だと思わ

愛着がわく（三一六）」。また、付属の説明書では、自分でボードの形を変えるだけでなく、「ルールを独自にアレンジ（三一六）」することも推奨されていた。

第二点、複数で遊ぶ楽しさ。第2節（1）【本書103頁】での、楽しさは同じものを楽しむ人が一緒にいることで増幅するという指摘に合致する。「レゴは［年齢別の教育的玩具という観点で*3］一人で遊ぶものと、デザイナーたちは決めつけていた」が、「序列、競争、熟達（三一〇）」を含んでもなお成立する集団の遊びの道具としてレゴゲームは開発されたのである。

最後の四番目の例は、「ニンジャゴー」。開発者は、「学校で話題にしたくなる（三四三）」ものを狙ったという。私は、楽しいことについては人に喋りたいという単純な点もともかく、学校という現実の中で、子供たちが「現実から切り離された別の特別な時間があることを知っている」ということとして解釈したい。遊びの時間は、第2節（2）【本書106頁】で、始まりと終わりによって一つの区切りを与えられた時間だと述べたが、それはまた、己が支配できる一つの領域を形成する時間なのであり、この形成の中に楽しさのさまざまな要素が集結している。

# 著者紹介

**村上喜良**（むらかみ・きよし）

**◆専攻**　キリスト教哲学、生命倫理

**◆主要著作**　『基礎から学ぶ生命倫理学』勁草書房、二〇〇八年／「キリスト教の立場から震災を考える」〔分担執筆〕金井淑子編著『〈ケアの思想〉の錨を――3・11、ポスト・フクシマ〈核災社会〉へ』所収、ナカニシヤ出版、二〇一四年／『ハイデガーとキリスト教』〔翻訳〕ジョン・マクウォーリー著、勁草書房、二〇一三年

**◆おすすめの一冊**

住野よる**『君の膵臓をたべたい』**双葉社、二〇一五年

オカルトでもホラーでもありません。主人公は普通の高校生、男女ふたり。でも純愛小説ではありません。求めあう魂の出会いと別れの物語です。遠い昔、人は男でも女でもなかった。一つの魂が分かれて男と女が生まれた。そして一方を求めてさまよう。この神話は真実です。心など及びもしない深い世界があることを体験してみてください。漫画もあり、映画にもなるそうです。

**村田純一**（むらた・じゅんいち）

**◆専攻**　現象学・科学哲学

**◆主要著作**　『色彩の哲学』岩波書店、二〇〇二年／『「わたし」を探険する』岩波書店、二〇〇七年／『技術の哲学』岩波書店、二〇〇九年／『味わいの現象学』ぷねうま舎、二〇一九年

**◆おすすめの一冊**

廣松渉**『新哲学入門』**岩波書店、一九八八年

開いてみると難しい漢字が並んでいて、読む気を失うかもしれないが、ゆっくりでも読み始めれば、決して理解しにくいものではない（はず）。大学二年生の演習で用いたところ、興味を持った学生三人もが卒論のテーマに選んだほどである。

**湯浅正彦**（ゆあさ・まさひこ）

**◆専攻**　西洋近代哲学、とくにカント哲学

**◆主要著作**　『存在と自我―カント超越論的哲学からのメッセージ』勁草書房、二〇〇三年／『超越論的自我論の系譜―カント・フィヒテから心の哲学・ヘンリッヒへ』晃洋書房、二〇〇九年

**◆おすすめの一冊**

大森荘蔵**『流れとよどみ』**産業図書、一九八一年

文字通り不羈奔放というべき、野太い哲学的思考の息吹に接するための好著。

**松永澄夫**（まつなが・すみお）

**◆専攻**　フランス哲学、言語論、社会哲学

**◆主要著作**　『価値・意味・秩序』東信堂、二〇一四年／『経験のエレメント―体の感覚と物象の知覚・質と空間規定』東信堂、二〇一五年／『感情と意味世界』東信堂、二〇一六年／『想像のさまざま―意味世界を開く』東信堂、二〇二二年

**◆おすすめの一冊**

ハルバースタム（筑紫哲也・斎田一路訳）**『メディアの権力』**サイマル出版会、一九八三年

原著は一九七九年で古いが、現在でも読むに値する。アメリカのマスメディアの歴史を、タイム、ロスアンジェルス・タイムズ、ワシントン・ポスト、CBSを軸にたどったもの。イギリスのメディアについては、小林恭子『英国メディア史』中央公論新社、二〇一一年。

**〔注記〕**　二〇二三年現在、村田純一先生、松永澄夫先生はすでに定年退職され、分析哲学の野矢茂樹先生、現象学の武内大先生が哲学科の新しいメンバーとなっています。お二人に関しては、立正大学文学部哲学科のホームページをご覧いただければ幸いです。

# 哲学《てつがく》 はじめの一歩《いっぽ》 楽《たの》しむ

二〇一七年三月三〇日 初版発行
二〇二三年一月二一日 三刷発行

編者 立正大学文学部哲学科《りっしょうだいがくぶんがくぶてつがくか》

発行者 三浦衛
発行所 春風社 *Shumpusha Publishing Co.,Ltd.*
横浜市西区紅葉ヶ丘五三 横浜市教育会館三階
〈電話〉〇四五・二六一・三一六八 〈FAX〉〇四五・二六一・三一六九
〈振替〉〇〇二〇〇・一・三七五二四
http://www.shumpu.com ✉ info@shumpu.com

装丁・レイアウト 矢萩多聞
印刷・製本 シナノ書籍印刷株式会社


ISBN 978-4-86110-541-8 C0010 ¥1500E

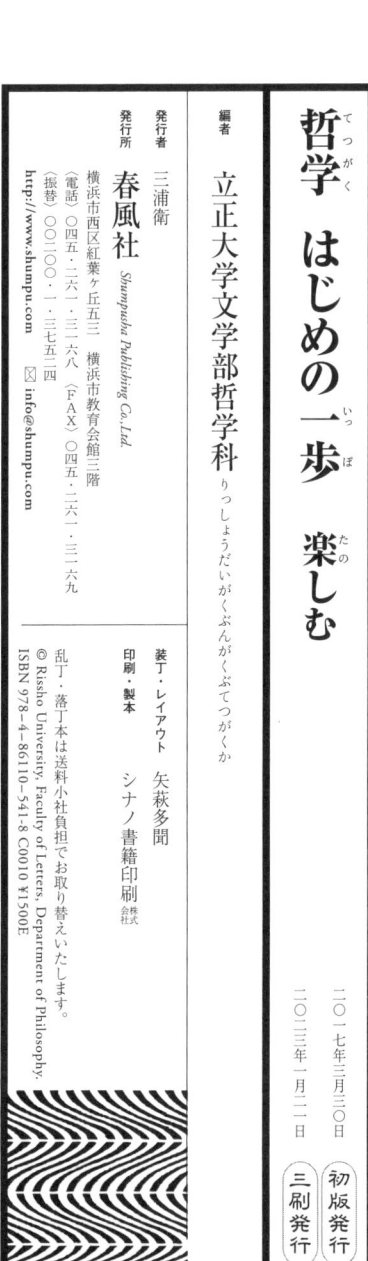